Mosaik
bei GOLDMANN

Buch

Viele Eltern sind unsicher im Umgang mit ihrem Neugeborenen und Kleinkind: Wie reagiert man zum Beispiel richtig, wenn ein Baby schreit? Was tun, wenn das Kind auf die ständige Anwesenheit der Mutter besteht? Die erfahrene Psychologin Katharina Zimmer zeigt auf, daß Eltern meist intuitiv, spontan und blitzschnell richtig handeln. Jeder Mensch verfügt über diese angeborene Kompetenz, und die Natur sorgt dafür, daß sie im richtigen Moment sicher zur Entfaltung kommt.
Mit vielen Beispielen macht die Autorin Eltern Mut, auf ihr natürliches Geschick zu vertrauen, so daß sich das Kind seelisch und körperlich positiv entwickeln kann.

Autorin

Die Psychologin Katharina Zimmer ist langjährige Mitarbeiterin der ZEIT und lebt als freie Autorin in Frankreich. 1990 wurde ihr Gesamtwerk mit dem Wissenschaftspreis für Publizistik der Deutschen Gesellschaft für Psychologie ausgezeichnet.

Von der Autorin sind bei Goldmann außerdem erschienen:

Wenn Eltern laufen lernen (16159)
Versteh mich doch bitte! (12726)
Wer sind unsere Kinder? (12690)
Schlaflos? (14125)

KATHARINA ZIMMER

Was mein Baby sagen will

So finden Eltern mehr Vertrauen in
ihre angeborenen Fähigkeiten

Mit einem Nachwort
von Karin Grossmann

bei GOLDMANN

Umwelthinweis
Alle bedruckten Materialien dieses Taschenbuches
sind chlorfrei und umweltschonend.

Vollständige Taschenbuchausgabe Juli 1999
© 1997 by Wilhelm Goldmann Verlag, München
in der Verlagsgruppe Bertelsmann GmbH
Umschlaggestaltung: Design Team München
unter Verwendung folgender Fotos:
Umschlag: Mauritius, Power Stock
Umschlaginnenseiten:
Tony Stone Bilderwelten, David Rosenberg
Druck: Elsnerdruck, Berlin
Verlagsnummer: 16207
Kö · Herstellung: Max Widmaier
Made in Germany
ISBN: 3-442-16207-6

1 3 5 7 9 10 8 6 4 2

Für François
und
all die Kinder, die mir mit ihrer manchmal stummen Sprache so beredsam gezeigt haben, wie kompetent sie und ihre Eltern sind. Für Annabelle, Marine, Cindy, Eden, Noa, Lena, Jam, Max, Michael, Martin, Juliett, Laura, Jan ...

Inhalt

Ein persönliches Wort

Als ich Studentin in Berlin war, verdiente ich mir einige Jahre mein Logis als Au-pair-Mädchen bei amerikanischen Familien. Die Kinder, mit denen ich es dabei zu tun hatte, waren zwischen einigen Monaten und vier Jahren alt. Sie brachten mich anfangs ganz schön in Verlegenheit: Ich wußte einfach nicht, wie ich mit ihnen ihrem Alter angemessen umgehen und reden konnte. Was durfte ich ihnen zutrauen, was durfte ich voraussetzen und was nicht? Was mir fehlte, war nichts Theoretisches, nichts, das ich aus Büchern oder dem Studium hätte erfahren können. Und praktischer Anschauungsunterricht, wie ihn früher jedes Mädchen und jeder Junge in einer großen Familie hatte, war mir versagt geblieben. Meine Geschwister waren entweder älter oder nur wenig jünger als ich.

Da war etwas, zu dem mir der Schlüssel fehlte, eine gewisse Intuition. Eines hatte ich schnell raus, nämlich daß es absolut peinlich war, sich mit irgendwelchem Herumgekaspere anbiedern zu wollen. Die Kleinen und Kleinsten reagierten darauf mit verständnislosem Ernst.

Nach einigen Tagen hatte ich meine Unbeholfenheit offenbar immerhin so weit überwunden, daß der vierjährige Jeffrey seiner Mutter erklärte: »I like that german student« (Ich mag diese deutsche Studentin), was ich als eine Art Ritterschlag empfand.

Einige Jahre später war ich selber Mutter. Und wie durch ein Wunder – nicht etwa durch das Studium von Kinderpsychologie – stand mir plötzlich alles zur Verfügung, was ich damals als Studentin so vermißt hatte. Ich wußte nun nicht nur, wie ich mit meinen eigenen Kindern umgehen konnte, was ich ihnen zutrauen durfte und was nicht, welche Sprache, Spiele, Gesten, wieviel Ernst oder welcher Spaß angemessen waren: Ich wußte es auch bei anderen Kindern. Die ganze Peinlichkeit und Verlegenheit waren weg. Es kam nicht mehr vor, daß ich mich gegenüber einem fünfzehn Monate alten Baby oder einem Zweijährigen aus lauter Überbemühtheit zum Narren machte. Plötzlich, und irgendwann konstatierte ich es mit Überraschung, war ich kompetent geworden. Ich konnte nun auch die Fähigkeiten einzelner Kinder besser einschätzen und auf sie eingehen, ohne zu überlegen, blitzschnell, wie ... wie eben fast alle Mütter und die meisten Väter es können.

Sie alle haben ihre Weisheit und Intuition nicht »gelernt«. Sie wurden und werden einfach mit ihrem Kind als Eltern »geboren«. Sie verfügen auf einmal über Fähigkeiten, über Kompetenzen, von denen sie kaum etwas geahnt haben. Oft denken sie, sie hätten all das erworben, weil sie ihre Hausaufgaben gut gemacht, weil sie alle

Informationen aus Büchern, Magazinen und Vorbereitungskursen fleißig gesammelt haben. Gewiß haben sie da einiges Nützliche gelernt. Aber das, was sie am Anfang im Umgang mit ihren Kindern brauchen, was ihnen täglich in tausend Situationen sekundenschnell, ja sekundenbruchteilschnell zur Verfügung stehen muß, konnten sie daraus nicht lernen. Die Natur war so weise, es ihnen als Geschenk mitzugeben. Sie mußte sicherstellen, daß kein Baby auf die Welt kam, ohne daß da gleich eine kompetente Mutter für sein körperliches und seelisches Überleben sorgte.

Von diesen »natürlichen« Fähigkeiten der Eltern und auch der Babys handelt dieses Buch. Mütter und Väter müssen es nicht lesen, um gute Eltern zu werden. Sie können es jedoch lesen, um – vielleicht staunend – zu erfahren, *daß* sie es sind und wie sehr sie es sind. Viele brauchen diese Bestätigung und werden damit eine ganze Last von Unsicherheiten über Bord werfen. Vielleicht können sie dann die Zeit mit ihrem Baby entspannter und fröhlicher genießen. Das wäre es, was ich mir wünsche. Denn leider haben die meisten von uns nicht dieses Selbstvertrauen, das Eltern bei den »Naturvölkern« haben. Auch mir mußte eines sorgenvollen Tages ein erfahrener Kinderarzt klarmachen, daß ich viel kompetenter war, als ich geglaubt hatte. Es war für mich, als würden mir die Augen geöffnet, als sei ich vorher blind gewesen. Dieses Erlebnis, das zu den besten in meinem Leben gehört, würde ich gern mit anderen teilen.

1

Was Babys und Eltern
alles können

Das lieben Eltern: Gespräche, in denen sie betonen können: »Die Laura kriegt wirklich alles mit« oder »Der Florian weiß ganz genau, was er will«. Im Stil von »Meiner macht neuerdings schon dies und das« tragen sie ihren friedlichen Wettstreit auf der Parkbank, an der Sandkiste aus. Es geht ernst und spaßig zu, Genugtuung für die einen, leise Beunruhigung für andere. Die Rede ist von Ein-, Zwei-, Dreijährigen, manchmal aber auch von wenige Tage oder Wochen alten Babys.

Die Eltern sagen: »Mein Kind *kann* etwas schon.« Sie unterstreichen ihre Feststellung mit einem Unterton von Erstaunen, so als wollten sie zu verstehen geben, es sei ganz allein die Leistung des Babys, sein Verdienst. Sie haben gut beobachtet: Vieles scheinen Kinder einfach mitzubringen, weiß der Kuckuck woher.

Könnten sich die Babys unterhalten wie die Mütter an der Sandkiste, so würden wir erfahren: »Meine Mama reagiert ganz toll auf mein Schreien. Sie weiß genau, was ich will.« – »Und meine spricht mit mir in besonderen

Melodien. Und stellt euch vor, sie schafft es, daß ich sie verstehe und sie nachmachen kann. Dann lacht sie und freut sich.« – »Ja, und meine zieht dabei in besonderer Weise die Augenbrauen hoch und öffnet so spaßig den Mund, dann habe ich Lust zu spielen.«

Fachleute sprechen bei all diesen Verhaltensweisen von Kompetenzen. Jeder Mensch hat und erwirbt bestimmte Kompetenzen. Wir denken dabei meist ein bißchen an Leistung. Hier jedoch handelt es sich um ganz besondere Fähigkeiten. Es ist, als seien sie ohne unser Zutun einfach da. Nennen wir sie einmal »natürliche Kompetenzen«. Sie erwecken den Eindruck, als habe die Natur sie – vor allem für den Lebensanfang – »vorgesehen«, als sicheres Überlebensprogramm bereitgestellt. Kinder verfügen über sie, Babys, Neugeborene, Frühgeborene, ja sogar schon der Fötus. Und Eltern haben entsprechend viele davon.

Es sind Kompetenzen, die sie nicht erst lernen müssen, die sich jedoch entwickeln. Sie sind also nichts Starres, Festgelegtes, sondern etwas, das in Bewegung ist. Eltern und ihr Baby sind in diesen »natürlichen Kompetenzen« nämlich so fein aufeinander abgestimmt, sie passen dabei meist so gut zueinander, daß sie gemeinsam etwas »machen«, das nun doch wie Lernen aussieht. Einer scheint vom anderen zu lernen. Wer von wem? Das ist nicht leicht auszumachen. Jedenfalls bringen sie sich gegenseitig voran, ein Zusammenspiel, dessen wir uns erst bewußt werden, wenn irgend etwas stockt, wenn es nicht klappt.

Dann müßten sich Eltern also nicht immer Sorgen machen, sie seien ihrer Erziehungsaufgabe nicht gewachsen? Tatsächlich könnten sie sich selber und ihrem Kind viel mehr vertrauen, als sie auch nur ahnen. Sie müßten dazu allerdings einige ihrer Allmachtsphantasien und -ansprüche aufgeben. Das ist nicht leicht. Denn seit Generationen denken Menschen, sie müßten ihre Kinder erziehen, manchmal sogar dressieren. Sie haben ein schlechtes Gewissen, wenn sie meinen, das zu versäumen. Und ihr Gewissen ist darum so schlecht, weil sie das Gefühl haben, alles falsch zu machen. In dieser Situation lesen sie Erziehungsratgeber, sie lesen, was Kinder angeblich können müssen – säuberlich geordnet nach Entwicklungsstufen. Nachher scheint alles noch weniger zu klappen. Denn sie können ja nicht wie beim Kochen das Kochbuch auf die eine Seite legen, während sie auf der anderen im Topf rühren. Kinder lassen sich nicht aus allgemeingültigen Rezepten zusammenrühren. Bei jedem Anwendungsversuch der Ratschläge aus dem Buch oder der Zeitschrift macht die Mutter die entmutigende Erfahrung, daß eigentlich nichts richtig paßt. Das Kind verhält sich eben nicht, wie im Buch beschrieben, die Situation war eine ganz besondere; »Stufen« in der Entwicklung vermochte sie nicht zu bemerken, und ehe sie über ihr eigenes Handeln vernünftig entscheiden konnte, hatte sie schon reagiert – blitzschnell und gar nicht, wie es irgendwo empfohlen wurde.

Intuitiv richtig handeln

Wenn sie nun durch all die klugen Ratschläge von Freunden, Verwandten und aus Büchern nicht so verunsichert wäre, würde sie vielleicht ganz erstaunt feststellen, daß sie eigentlich genau das Richtige getan hatte. Dieses richtige – oder eher: angemessene – Handeln ist ihr nur fast nie bewußt. Denn zwischen Kind und Bezugsperson läuft vieles so schnell ab, daß ein solcher »Austausch« kaum mit unserem normalen Beobachtungsblick zu erkennen oder auch bei aufmerksamem Aufhorchen zu hören ist. Es gibt jedoch Mikroanalysen mit der Videokamera, in denen Wissenschaftler diese Interaktionen, dieses Zusammenspiel zwischen Eltern und Kind in viele Sekundenbruchteile zerlegt haben. Dabei ließ sich dann der Sinn, das unbewußt oder vorbewußt Sinnvolle einer Reaktion der Mutter ganz eindeutig nachweisen. Die Münchener Psychobiologen Hanuš und Mechthild Papoušek haben viele solcher Analysen gemacht.[1] Sie konnten daraus nur den Schluß ziehen, daß Eltern meist *intuitiv* handeln. Vor allem, wenn es sich um den Umgang mit Babys und Kleinkindern handelt.

Auch Babys handeln intuitiv. Es scheint ihnen sogar leichter zu fallen als den Erwachsenen. Sie sind noch nicht von kritischer Distanz zu sich selber und tausend klugen Ratschlägen verunsichert und verbildet.

Ihre erste »natürliche Kompetenz« ist die Fähigkeit, bei Eltern all das »abzurufen«, hervorzubringen, was für ihr

Überleben und in weiterem Sinn für ihre Entwicklung notwendig ist. Zu dieser Fähigkeit, eine Bindung herzustellen, gehört eine andere, in der sich schon Neugeborene individuell voneinander unterscheiden: Entwicklungspsychologen nennen sie Orientierungsfähigkeit. Man kann sie als eine Art »koordinierte Neugier« beschreiben.[2] Koordiniert, weil diese Neugier nicht, wie man annehmen könnte, rein zufällig oder gar chaotisch ist. Was das Neugeborene mit seinen ernsten großen Augen erkundet, zum Beispiel und mit Vorliebe das ihm voll zugewandte Gesicht der Mutter, dem es aufmerksam lauschend seinen Kopf zuwendet, was es mit seinen Händchen und seinem Körper ertastet und fühlt, hat einen geheimen Sinn: nämlich es in seiner Entwicklung voranzubringen. Auf der Seite der Eltern entspricht dem ebenfalls eine »natürliche Kompetenz«: die Feinfühligkeit. Sie bedeutet, daß sich eine Bezugsperson schnell und genau auf ein Baby (oder auch auf ein größeres Kind) einstellen und prompt und angemessen auf sein Verhalten und seine Appelle reagieren kann. Eltern tun das oft, indem sie einfach präsent sind. Allein ihre liebevolle Gegenwart fördert die »koordinierte Neugier« ihres Babys. Häufig verhalten sie sich dabei völlig passiv. Und genau das scheint wichtig zu sein: nicht einzugreifen und das Kind nicht von seiner konzentrierten Erkundungsarbeit abzulenken. Hingegen reagieren sie, wenn das Kind zum Beispiel so »aufgebracht«, so außer sich ist, daß es nicht mehr neugierig sein kann. Sie geben ihm dann mit genau den richtigen Gesten und dem richtigen Tonfall den Trost, den es braucht, um nun wieder erkunden zu können. Mit ihrer Feinfühligkeit reagieren Eltern also intuitiv, wenn ihr Kind sich unwohl oder gar unglücklich fühlt, wenn es hilfs- und anlehnungsbedürftig ist und wenn es außer Kontrolle gerät, das heißt wenn alle Sicherungen durchbrennen.

Auch Eltern können all das wie die Babys »von ganz allein«. Aber sie haben in dieser ersten wichtigen Kompetenz ähnlich wie ihre Kinder unterschiedliche »Profile«, besondere Eigenheiten. Das Merkwürdige nun: Beide Profile, das eines Babys in der Orientierungsfähigkeit und das seiner Mutter in der Feinfühligkeit, stimmen haargenau überein.

Ist das nun einfach genetisches Erbe, oder hat sich da schon, während das Kind noch im Mutterleib war, das Orientierungsvermögen verfeinert oder/und die Anpassungsfähigkeit bei beiden Partnern entwickelt? Was ist zuerst da, die Kompetenz des eben zur Welt gekommenen Kindes oder die der Mutter und des Vaters? Eine eindeutige Antwort läßt sich darauf nicht geben. Wahrscheinlich treffen alle diese Annahmen zu und wirken alle diese Faktoren gemeinsam.

Das biologische Überlebensprogramm

Fest steht, daß es für den Lebensanfang zumindest ein biologisch verwurzeltes Programm für Fürsorgeverhalten und Kommunikation gibt. Konrad Lorenz hat beschrieben, daß das »Kindchenschema« – eine hohe, gewölbte

Stirn und große runde Augen – ein Merkmal junger Säugetiere ist.[3] Denken wir an Bambi von Walt Disney und irgendein junges Kätzchen. Lorenz zeigte auch, daß diese besonderen Eigenschaften einen Selektionsvorteil in der Entwicklungsgeschichte bis zum Menschen boten. Beim Menschen sind diese charakteristischen Merkmale noch verfeinert und erweitert. So gibt es zwischen dem neugeborenen Menschenbaby und seiner Mutter bereits einen intensiven Blickkontakt. Ihre einander zugewandten Augen sprechen eine stumme Sprache miteinander. Dieses frühe Kommunikationssignal findet sich nicht bei anderen Säugetieren. Nicht einmal bei den uns verwandtschaftlich so nahestehenden Schimpansen ließ es sich beobachten.

Kindchensignale rufen Fürsorgeverhalten mit den dazugehörigen »natürlichen Kompetenzen« bei allen Erwachsenen, nicht nur den Eltern also, hervor. Väter und Mütter stellen sich allerdings, wie wir eben erwähnt haben, feiner darauf ein. Prinzipiell können jedoch sogar schon zehn- bis zwölfjährige Kinder die Appelle eines Babys einigermaßen angemessen beantworten. Was üben sie anderes, vor allem die Mädchen, wenn sie mit Puppen spielen? In allen Kulturen dieser Erde spielen Kinder mit Puppen, und sie basteln sie sich sogar selber mit den einfachsten ihnen zur Verfügung stehenden Mitteln: einem Maiskolben, einer Garnrolle, einigen Lumpen. Und immer statten sie ihren »Nachwuchs« mit den typischen von Lorenz beschriebenen Kindchensymbolen aus.

Ich selber erlebe, während ich dieses schreibe, noch einmal fast mit Erstaunen, wie absolut sicher das frühe

»Überlebensprogramm« der Natur funktioniert. Kürzlich spazierte ich nachts gegen ein Uhr durch eine Straße mitten in Paris zwischen dem Louvre und dem Rathaus des I. Arrondissements. Auf der breiten Fahrbahn herrschte noch reger Verkehr, der Bürgersteig jedoch schien von der üblichen Passantenmenge wie leergefegt. Aus einem Blumenbeet maunzte es, und ehe ich's mich versah, wuselten vier grau-weiß-bunte Babykätzchen um mich herum. Offenbar waren sie gerade einer zerrissenen Plastiktüte entkommen, in der man sie ausgesetzt hatte. Um sie vor den vorbeifahrenden Autos zu retten, versuchte ich, sie eins nach dem anderen immer wieder in das Beet zurückzusetzen, aus dem sie jedoch sofort aufs neue entwischten. Es war hoffnungslos. Ich konnte weder vier Kätzchen transportieren, noch sie ihrem Schicksal überlassen. Ein junges Paar auf dem Heimweg blieb stehen. Während ich mit meiner aussichtslosen Rettungsarbeit beschäftigt war, setzte ich der jungen Frau schon mal eins der Miezchen auf den Arm. Sie sah die großen Augen, das runde Köpfchen, das erbärmlich miauende, weit aufgerissene rosa Schnäuzchen. Es war offensichtlich: Der Dringlichkeit dieses Appells eines verlassenen Babys konnten weder sie noch ihr Freund sich entziehen. Sie nahmen das Kätzchen mit.

Der nächste Passant, ein etwa vierzigjähriger Mann, war verloren, nachdem er ein bißchen verwundert geguckt hatte. Schnell konnte ich ihm die Situation erklären. Die Tierchen mußten einfach weg von der Straße. Ob er nicht eins mitnehmen würde. Wenn er es nicht behalten wolle, gebe es sicher am nächsten Morgen Bekannte oder Freunde, die dazu bereit wären. Da ich mich um die mit Todesverachtung der Fahrbahn zustrebenden Kätzchen kümmern mußte, brachte ich schon mal eins auf seiner Schulter in Sicherheit. Natürlich konnte er das hilflose Wesen nun nicht mehr im Stich lassen. Da gab es nichts zu argumentieren.

Ähnlich erging es einer älteren Dame. Sie entschloß sich schnell, das eine der nun herzzerreißend flehenden zwei Kätzchen mitzunehmen, sie werde gleich morgen zum Tierarzt mit ihm gehen; sie fand, es sehe nicht gesund aus.

Zwei ausländische Studenten blieben neugierig und belustigt stehen. Es war ein Kinderspiel, ihnen klarzumachen, daß sie wie gerufen kamen, um noch das letzte Katzenkind zu retten. Es war nun kurz vor halb zwei. In zwanzig Minuten hatte das von Lorenz beschriebene »Kindchenschema« viermal voll seine Wirkung gezeigt. Und die Erwachsenen hatten, ob jung oder alt, Mann oder Frau, ihre Kompetenz bewiesen, fürsorglich zu sein. Ich konnte zufrieden heimgehen.

Mütter dürfen sich selber vertrauen

Wir mögen die kleine Geschichte belächeln. Sie zeigt jedoch ganz deutlich eins: Wir brauchen uns, wenn es darum geht, angemessen mit einem hilflosen »Babywesen« umzugehen, nicht allzu viele Sorgen um unsere Kompetenz

zu machen. Im Gegenteil – wir können uns auf ein Erbe
verlassen, das nicht erst von gestern ist. Es ist uns in vielen
Millionen Jahren überliefert worden, uns Eltern und auch
den Babys, die keineswegs als unbeschriebenes Blatt zur
Welt kommen.

Trotzdem bevölkern immer wieder verängstigte und
verunsicherte Mütter und Väter die Sprechstunden zur
Säuglingsberatung, weil sie meinen, nichts zu »wissen«:
nicht, wie sie das Kind stillen, zum Einschlafen bringen
oder beruhigen sollen. Es ist jedoch unrichtig, daß sie es
nicht können oder nichts davon wissen. Das uralte Erbe
ist ihnen nicht plötzlich abhanden gekommen. Ihre Welt
hat sich nur so stark verändert, daß sie nun ihren intuitiven Fähigkeiten nicht mehr *vertrauen*. Häufig geht es also
gar nicht darum, ihnen zu sagen oder zu zeigen, »wie man
es richtig macht«, sondern darum, ihnen das verlorengegangene Selbstvertrauen zurückzugeben. Die folgenden
Kapitel haben genau dieses Ziel, Eltern, Großeltern und
allen, die mit Kindern als erwachsene Freunde, Verwandte
oder in ihrer Arbeit umgehen, zu zeigen, warum dieses
Selbstvertrauen gerechtfertigt ist. Zunächst jedoch ein
Beispiel aus meiner eigenen Erfahrung als junge Mutter, an dem die Bedeutung einer Ermutigung von außen
sichtbar wird.

Meine erste Tochter mußte nach ihrer Geburt lange und
in völliger Isolation von mir im Krankenhaus bleiben.
Auch nach ihrer Heimkehr wurde sie noch monatelang
von verschiedenen Ärzten und in Therapien betreut.
Einiges von dem, was da angeordnet wurde, war wider-

sprüchlich. Die Ärzte schienen immer nur ihr Fachgebiet im Auge zu haben, nicht aber das Kind. Ich war ungeheuer verwirrt und hatte Angst, womöglich falsche Ratschläge zu befolgen. Oft war ich tief deprimiert, nicht nur, weil der Zustand meines Kindes mir Sorgen machte, sondern auch, weil die Ärzte gelegentlich meine Erklärungen und Beobachtungen mit einem etwas herablassenden Lächeln abtaten. In dieser Situation kam ich zu einem älteren, sehr erfahrenen Kinderarzt. Ich schüttete ihm mein Herz aus, stellte ihm unzählige Fragen und sagte ihm, wie entmutigt ich sei, was die zukünftige Entwicklung meiner Tochter betreffe, obwohl ich selber doch so vieles mit ihr erlebte, das Anlaß zu Hoffnung gab. Seine Antwort war: »Warum fragen Sie? Ich sehe doch, daß Sie Ihr Kind ganz genau kennen. Niemand weiß so gut über alles Bescheid und kann besser beurteilen als Sie, was Ihrem Kind guttut, was es schon kann. Trauen Sie Ihren eigenen Beobachtungen mehr als denen der anderen. Und haben Sie in Zukunft überhaupt größeres Selbstvertrauen. Sie als Mutter wissen und können alles.« Es war wie eine Wiedergeburt. Fröhlich ging ich mit meiner Tochter von dannen und dachte so etwas wie: »Uns soll so leicht keiner mehr angst machen. Wir beide werden es schon schaffen.« Und genau so war es dann auch.

Eltern und Kinder ahnen nicht, wieviel Kraft ihre Fähigkeiten haben

Eltern und Kinder verfügen gemeinsam über Fähigkeiten, von deren Kraft sie keine Ahnung haben. So wie sie heute leben, werden sie allerdings nicht gerade ermutigt und unterstützt, sondern eher von allen Seiten verunsichert. So haben ihre Kompetenzen aber nicht »verlernt«, denn sie mußten sie ja gar nicht lernen.

Wir haben bereits kurz angedeutet und werden dies noch ausführlich belegen, daß Babys mit unzähligen Fähigkeiten auf die Welt kommen, die keineswegs bruchstückhaft chaotisch sind. Sie entsprechen den ersten Notwendigkeiten zum Überleben, sich in der neuen Welt des Lichts, der Luft und der freien Räume zu orientieren und, vor allem, soziale Kontakte zu knüpfen.

Ähnliches gilt für die Eltern. Eine Frau oder ein Mann wird mit dem Kind als Mutter und Vater »geboren«. Das heißt, beide Eltern verfügen augenblicklich über Fähigkeiten, die ihnen niemand erst beibringen müßte. Auch diese sind nicht vereinzelt oder bruchstückhaft. Eltern erfassen und reagieren blitzschnell – *im Zusammenhang*. Sie sind zum Beispiel in der Lage, die feinsten Signale ihrer Babys erstaunlich genau zu verstehen. Daß sie sich dessen meist nicht bewußt sind, läßt sie nicht weniger kompetent sein – im Gegenteil: Das blitzschnell Intuitive ist es gerade, was ihre Fähigkeiten so »stark« macht. Diese können zwar von einer wenig kind- und elterngerechten Umwelt verschüttet, nicht aber erstickt werden. Immer wieder kommen sie zum Vorschein, oft auch unter den ungünstigsten Bedingungen. Aber es tut den Eltern gut, wenn ihnen wie mir jemand sagt: Ihr könnt euch vertrauen, und ihr könnt sogar eurem Baby vertrauen. Es wird zwischen euch genau das Richtige passieren. Irgendwo ist da der berühmte rote Faden, der euch beide oder euch drei weiterleitet. Er ist einfach da. Auch wenn ihr manchmal so tief in der Tinte zu sitzen scheint, daß ihr ihn nicht mehr zu fassen bekommt, ihn nicht erkennen könnt. Ihn sichtbar zu machen, wird die Aufgabe dieses Buches sein.

2

Die allerersten biologischen Kompetenzen

Bleiben wir noch einmal bei dem Begriff Kompetenzen. Da scheint es, vor allem am Lebensanfang, zwei Arten zu geben: erstens diejenigen, die das physische Überleben sichern. Sie sind überwiegend auf der Seite der *Biologie*. Und zweitens alle, die im weitesten Sinne helfen, das Leben zu gestalten. Ein großer Teil von ihnen steht im Dienst der Kommunikation. Man könnte sagen, sie sind mehr auf seiten der *Kultur*, des spezifisch Menschlichen.

Wir werden schnell begreifen, daß sich beide Bereiche jedoch kaum voneinander trennen lassen – weder am Anfang noch in den späteren Kindheitsjahren. Wo Überleben gesichert wird, gestalten Kind und Eltern bereits gemeinsam, findet Kommunikation statt. Umgekehrt ausgedrückt: Kommunikation – das ist meist zärtlich-liebevoller Umgang miteinander – sichert das Überleben.

Sehen wir uns zunächst die biologischen Kompetenzen des zur Welt kommenden Babys an. Es kommt keineswegs aus dem Nichts, sondern aus einer fein auf seine Bedürfnisse abgestimmten Umwelt und hat sich dort neun Monate lang auf seine Geburt vorbereiten können. Tatsächlich muß es vom ersten Augenblick an eine Menge Anforderungen auf einmal bewältigen:

Wir denken sofort ans Atmen. Alle, die in diesem Augenblick das Kind beobachten, warten angespannt auf den ersten Atemzug. Das Kind muß nun unabhängig von der Mutter für Sauerstoff in seinem Blut sorgen. Sämtliche Zellen seines Körpers und vor allem die seines empfindlichen Gehirns brauchen eine gesicherte Sauerstoffzufuhr, sonst gehen sie zugrunde. Der erste Atemzug bewirkt jedoch viel mehr als das Aufblähen der Atmungsorgane. Für uns nicht sicht- oder spürbar, kehrt er den Kreislauf des Babys um. Es ist, als würde ein mächtiger Hebel umgelegt: Der Blutfluß im Herzen wird »umgepolt«. Die dicken Blutgefäße der Nabelschnur verschließen sich.

Das Baby muß von dem Moment der Geburt an plötzlich mit der Schwerkraft umgehen können. Nach einem halbwegs schwerelosen Leben im Fruchtwasser zerrt sie nun wie mit zahllosen Gewichten an seinen Gliedmaßen. Mehr noch als in den letzten Monaten vor der Geburt muß es diese jetzt *gegen* die Kraft der Erdanziehung bewegen. Bis es sich eines Tages ganz aufrichten und frei, ohne Hilfe, gehen kann, wird es diesen Kampf führen – in seiner gesamten motorischen Entwicklung.

Der kleine Körper, der aus der gleichmäßigen Wärme des Mutterleibs kommt, erlebt einen Kälteschock. Er braucht jetzt schnell ein Thermostatsystem, um seine Körpertemperatur gleichmäßig zu halten, die alle seine Organe richtig funktionieren läßt.

Mit dem Leben ohne Hunger und Durst ist nun plötzlich Schluß. Das Neugeborene muß in der Lage sein,
seine Nahrung selber zu suchen und zu fordern. Es verfügt kaum über Energiereserven, hat aber während des
Geburtsvorgangs und unmittelbar danach besonders viel
verbraucht. Der eben erwähnte Temperatursturz muß erst
einmal aufgefangen werden. Das kostet Energie. Überdies
ist der »Grundumsatz«, das heißt der Umsatz an Kalo-
rien, bei einem Neugeborenen drei- bis viermal so hoch
wie bei einem Erwachsenen. Sein Gehirn hat einen besonders hohen Glukosebedarf, allein dafür müssen täglich
etwa 30 Gramm bereitgestellt werden. Wenn das Kind
unter Sauerstoffmangel leidet, steigert sich dieser Bedarf
noch. All das muß gleichzeitig mit einer enormen Er-
nährungsumstellung bewältigt werden: Der Fötus bekam
seine Nahrung in Form von Stoffwechselabbauproduk-
ten aus dem mütterlichen Organismus gleichmäßig durch
die Nabelschnur. Nun, mit dem ersten Saugen an der
Brust, werden beim Baby selber seine eigenen Stoffwechselvorgänge aktiviert. Mit der ersten Nahrung beginnt
sich im Dickdarm die Darmflora aufzubauen. All das hat
Rückwirkungen auf den Stoffwechsel der Leber, auf das
Nervensystem, auf Hunger- und Sättigungsgefühl. Durch
das Stillen wird eine wahre Kaskade von biochemischen
Vorgängen ausgelöst, die einem ganz bestimmten zeitlichen Ablauf folgt. Das ist nicht so selbstverständlich, wie
es scheinen könnte. Leicht gerät da, vor allem bei künstli-
cher Ernährung, etwas durcheinander, der Ablauf klappt
dann nicht optimal. Wir alle wissen, daß Neugeborene

anfällig für Magen-Darm-Störungen sind. Am wenigsten müssen sie befürchtet werden, wenn die Mutter das Kind stillen kann. Die Kompetenzen der beiden Partner sind also bei diesem bedeutenden biologischen Vorgang, der gleichzeitig Bindung schafft, von der Natur aufs feinste aufeinander abgestimmt.

Bis alle Stoffwechselvorgänge funktionieren, dauert es noch einige Tage. In dieser Phase ist besonders das Gehirn in seiner Entwicklung »vulnerabel«, das heißt verletzbar, störbar. Es ist wichtig, daß Mütter wissen, wie sehr ihr Baby in dieser Zeit darauf angewiesen ist, von ihnen eine gesunde Ernährung zu erhalten, was nichts anderes bedeutet, als daß sie sich selber gesund ernähren sollten. Dazu gehören zu allen Hauptmahlzeiten Proteine wie Fisch, Fleisch, Quark und Milch, frische Gemüse und Kohlehydrate wie Zerealien, Reis, Nudeln, Vollkornbrot oder Kartoffeln. Als Nahrung für das Gehirn sind auch täglich bestimmte Fettsäuren notwendig – vorhanden beispielsweise in Oliven-, Sonnenblumenkern- und Nußöl.

Schon vor der Geburt entwickelt das Kind auch noch ganz andere Kompetenzen: Rhythmen, die seine biologischen Vorgänge in bestimmten Zeitabläufen regeln. Wissenschaftler sprechen von »chronobiologischen Rhythmen«. Solche zeitabhängigen biologischen Zyklen finden sich in der gesamten Natur: Jedes Lebewesen auf diesem Planeten folgt den Gesetzen dieser rhythmischen Abläufe, einzellige Algen ebenso wie der Mensch. Eine neue Wissenschaft, die Chronobiologie, beschäftigt sich mit diesen biologischen Rhythmen oder Oszillationen, die bei einzelnen Organismen, aber auch in einzelnen Körperfunktionen ganz unterschiedlich sind. Solche biologischen Zyklen kennen wir am besten vom Schlaf. Wir alle wissen, daß wir zu bestimmten Zeiten müde werden und daß wir möglichst nachts genug schlafen sollten. Aber auch unsere Körpertemperatur, unser Atem, unser Herz, bestimmte Hormone, Aktivität und Ruhe sind Rhythmen unterworfen.

Da die Chronobiologie erst vor etwa 40 Jahren begonnen hat, diese Phänomene systematisch zu studieren, fangen wir auch jetzt gerade an, etwas über solche Rhythmen beim ungeborenen Kind zu erfahren. Bisher ging man davon aus, es sei darin völlig von der Mutter abhängig. Sie sei zum Beispiel, so dachte man, für seine Körpertemperatur zuständig. Neue Forschungen zeigen, daß der Fötus seine Temperatur schon unabhängig von der Mutter regeln kann. Er kann normale Temperatur behalten, wenn die Mutter Fieber hat. Auch die Zwerchfellbewegungen zeigen schon vor dem Ende des fünften Schwangerschaftsmonats deutliche Phasen.[1] Und – noch erstaunlicher – es gibt sogar schon eine Beziehung zwischen diesen Atembewegungs- und den Schlafphasen des Fötus. Das läßt sich durch Hirnstromaufzeichnungen nachweisen.

Solche rhythmischen oder auch oszillatorischen Abläufe entwickeln sich ebenso wie Homöostase[2] bereits sehr früh. Wie früh, das wird uns die zukünftige Forschung sagen. Fest steht jedenfalls, daß der Fötus bereits unabhängig von seiner Mutter über eine Reihe chronobiologischer »Kompetenzen« verfügt.[3]

Was Videoanalysen
offenbaren

Wir haben nur einige der eher »biologischen« Kompetenzen des eben zur Welt kommenden Babys genannt. Sie sind erstaunlich, aber sie scheinen uns selbstverständlich. Ähnlich ist es mit den spontanen Fähigkeiten der Mütter und Väter. Sie werden mit dem Kind »geboren«. In Wahrheit verfügen sie sogar schon vorher darüber, sie werden nur vom Moment der Geburt an besonders sensibilisiert. Trotzdem denken diese Mütter und Väter, sie müßten erst lernen, mit einem Neugeborenen oder wenige Wochen alten Baby umzugehen.

Die bereits im ersten Kapitel erwähnten Münchener Psychobiologen Hanuš und Mechthild Papoušek haben in jahrelanger Zusammenarbeit mit Eltern und Babys das Gegenteil bewiesen.[4] Sie stützten sich dabei vor allem auf Beobachtungen mit Video- und Tonbandaufnahmen, das heißt, sie filmten ganz durchschnittliche Mütter und Väter, wie sie mit ihren Kindern spielten oder Zwiegespräche führten. Ziel ihrer Betrachtung waren dabei nicht nur die Mimik, die ausgetauschten Blicke, die Gesten und die Melodie der Laute oder Sprache bei beiden Partnern, sondern sie analysierten auch das gesamte motorische Verhalten – die Dynamik der Bewegungen, den Muskeltonus (Spannungszustand der Muskeln) und vegetative Reaktionen wie Veränderungen der Temperatur, der Farbe sowie Feuchtigkeit der Haut und des Atemrhythmus. Diese letzten Beobachtungen sind wichtig, da sie besonders zuverlässig über unbewußte Vorgänge Auskunft geben. Müdigkeit oder Aufmerksamkeit verändern zum Beispiel den Muskeltonus. Aufregung wirkt sich auf den Atemrhythmus und die Feuchtigkeit der Haut aus. Wenn wir uns freuen, erröten wir, und Angst läßt uns erblassen. Die Wissenschaftler konnten anhand dieser »Parameter« also auch untersuchen, inwieweit Mütter und Väter auf feine Veränderungen in diesem Sinn reagieren, wie weit sie das Baby zu bestimmtem Verhalten anregen oder wie sehr es selber auf die Eltern reagiert.

Zum Beispiel wird ein wenige Tage und Wochen altes Baby unruhig oder ängstlich, wenn die Mutter ihm nicht das Gesicht voll zuwendet. Das Baby seinerseits bringt mit seinem Weinen nun die Mutter dazu, daß sie es wieder direkt anschaut. So erreicht das Kind, daß die Mutter, die sich – etwa beim Telefonieren – von ihm abgewandt hatte, mit ihrem Blick zu ihm zurückkehrt. Sie tut das instinktiv. Sie könnte es sonst ja auch mit Streicheln zu beruhigen versuchen, ohne die Blick- und Gesichtsrichtung zu ändern. Sie weiß jedoch intuitiv: Das Baby braucht meine Augen, es muß sie sehen können. Denn es sieht und erlebt sich selber in ihnen und ihrem Ausdruck.

Allein darin wird etwas ganz Wichtiges deutlich: Eine Hauptmotivation für die beiden Partner und ganz besonders für das Baby, das sonst die Orientierung verliert, ist, daß die Handlungen und das Verhalten der Eltern und des Babys »etwas miteinander zu tun haben«, sich berühren, weitgehend übereinstimmen. Es ist wichtig, daß ein echtes Zusammenspiel zustande kommt. Die Wissenschaftler nennen das Kontingenz. Das heißt, es muß einen Zusammenhang zwischen dem eigenen Tun und seinen Konsequenzen geben. Konkret ausgedrückt: Das Baby, das soeben einen glucksenden Laut von sich gegeben hat, möchte auf dem Gesicht der Mutter den Erfolg ablesen und sich nun von ihrer imitierenden, aber leicht abgewandelten Lautsprache ermutigt fühlen.

Die Signale des Babys werden von den Eltern unbewußt wahrgenommen

Hanuš und Mechthild Papoušek konnten mit ihren Mikrovideoanalysen zeigen, daß Eltern schon von Anfang an ganz intuitiv ihrem Baby ihre Erfahrungen mitteilen.[5] Zum Beispiel beim Füttern. Sie begleiten jedes Löffelchen mit eigenen Mundbewegungen, die dem Kind vormachen, wie es mit der Nahrung umgehen soll.

In einem Café beobachte ich eine junge Frau, die mir schräg gegenübersitzt. Sie füttert ihr Baby, das sie in einer Wippe auf dem Tisch halb vor sich stehen hat. Ich sehe nur ihr Gesicht, nicht das des Kindes. Während sie das Löffelchen mit dem Babybrei dem Kind nähert, öffnet sie weit den Mund, weiter, als sie es selber beim Essen täte, dann schließt sie die Lippen fest, macht leicht Mampfbewegungen mit Mund und Kinn und leckt schließlich einmal über die Lippen. Gelegentlich begleitet sie diesen Ablauf mit gedehnten an- und abfallenden Lauten wie »Mmm – fein«.

Dieses unbewußte Verhalten unterstreicht, daß Eltern eine Vorstellung davon haben, was schwierig für ihr Baby sein könnte: wie es den Mund öffnen und ihn – zum Beispiel bei flüssiger Nahrung – wieder schließen soll, und auch, wie es sich anstellen muß, um sein erstes Eis zu lecken. Diese winzige, aber wichtige Verhaltensmerkwürdigkeit haben die Papoušeks bei Vätern und Müttern auf der ganzen Welt beobachtet. Sie ist nur ein Beispiel.

Eltern können aber viel mehr. Sie haben erstens die Fähigkeit, die allereinfachsten, »primitivsten«, ja vor allem unscheinbarsten körperlichen Ausdrucksformen ihres Kindes zu verstehen. Noch vor jeder Sprache. Sie können dann, zweitens, ihre Babys darin unterstützen und fördern, diese feine Kommunikation weiterzuentwickeln, und drittens vermögen sie sich selber in eigenen Antworten verständlich zu machen, die zu den Ausdrucksformen des Kindes passen.

Das passiert, wenn die Mutter beim Füttern, Spielen oder Windeln ganz genau merkt, wie ihr Baby »drauf« ist, munter oder müde. »Allein aus Tonus und Haltung der Händchen«, erklären die Münchener Psychobiologen, »gewinnen sie wichtige Aufschlüsse.« In einer unbekannten Situation, beispielsweise dem ersten Bad, zeigt ein Neugeborenes mit seinen fest geschlossenen Fäustchen seine angespannte Aufmerksamkeit. Nach und nach, wenn das Baby mit der Situation vertrauter wird, öffnen sie sich und signalisieren nun Entspannung und Aufnahmebereitschaft. Meist begnügt sich die Mutter nicht damit, diese Signale nur wahrzunehmen. Sie erkundet nun auch aktivspielerisch: indem sie die Händchen des Babys nimmt und versucht, die Fäustchen zu öffnen oder mit den weichen Fingern zu spielen. Der schlaffe Muskeltonus deutet an, daß das Kind müde ist. Wenn es dagegen fest greift und aktiv am Fingerspiel teilnimmt, weiß die Mutter, daß sie einen günstigen Moment erwischt hat, um mit ihrem Baby Zwiesprache zu halten.

Ähnlich aussagefähig wie die Händchen ist der Mund. Den Papoušeks fiel in ihren Mikroanalysen auf, »daß Eltern häufig die Mundregion des Kindes berühren ..., wenn sie sich über den Befindlichkeitszustand des Kindes nicht im klaren sind«. Sie ertasten leicht den Mund und versuchen ihn durch leichten Druck auf das Kinn zu öffnen. Bei einem schlafenden Baby geht das ganz leicht, widerstandslos. Ein hungriges Kind macht als Antwort Saug- und Suchbewegungen; ein satter, kontaktbereiter Säugling dagegen schließt nun ostentativ den Mund, blickt die Mutter aufmerksam an und bekundet sein Interesse sofort mit seiner Mimik und auch mit Lauten.

Kompetenzen im Umgang mit »besonderen« Kindern

Auch in einer von der Normalität abweichenden Situation, im Umgang mit einem kranken oder einem frühgeborenen Baby, »erkunden« Eltern so ihr Kind. Ich habe das oft vor allem bei Müttern und Vätern am Brutkasten beobachtet. Zuerst berühren sie ganz vorsichtig die Füßchen und dann die Fingerspitzen, die Finger, sie spielen leicht damit, nehmen schließlich die ganzen Händchen. Sogar in dieser unnatürlichen Situation mit dem Baby in einem Plexiglaskasten, in den sie nur durch zwei Öffnungen mit den Händen hineingelangen, wissen sie genau, was sie zu tun haben, um etwas über den Zustand ihres so beunruhigend zarten Babys zu erfahren. Nach und nach wagen sie sich bis zu seinem Gesicht vor. Sie streichen leicht über die Wange neben dem Mund und berühren gelegentlich leicht die Lippen. Oft trauen sie sich nicht, zum Beispiel wenn das Kind intubiert ist. Für die Ärzte sieht es so aus, als hätten die Eltern nur Angst, ein so zerbrechliches Wesen zu verletzen. Sicher spielt das auch eine Rolle. Vor allem aber gehorchen diese Mütter und Väter unbewußt ihrem uralten Erbe an Intuition im richtigen Umgang mit einem Wesen, das ja noch nicht sagen kann, wie es sich fühlt. Darum wäre es wichtig, daß auch in Säuglingsstationen generell Müttern und Vätern nicht nur per Gnade erlaubt wird, bei ihrem Kind zu sein, sondern daß Ärzte, Schwestern und Hebammen wissen: Niemand kann so feinfühlig angemessen mit einem in jedem Fall ganz besonderen Baby umgehen wie die Eltern. Und: Sie sollten nicht versuchen, ihnen alles mögliche beizubringen, sondern im Gegenteil ihr Vertrauen in die eigenen intuitiven Fähigkeiten stärken. Dann können sie sogar eine Menge lernen. Sie werden dann auch verstehen, daß es notwendig ist, diesem fast unmerklichen Zusammenspiel einen gewissen Schutz, eine gewisse Ruhe zu gewähren. In vielen Kliniken und Frühgeborenenstationen arbeiten Pflegepersonal und Eltern bereits nach diesem Prinzip zusammen. Aber vergessen wir nicht: Auch Hebammen, Säuglingsschwestern und Ärzte verfügen über intuitive Fähigkeiten im Umgang mit Babys. Und sie nutzen diese mütterlichen Kompetenzen sicher viel mehr, als ihnen bewußt ist.

Bei normal geborenen, ganz gesunden Kindern gibt es Besonderheiten, die Eltern vor schwierige Aufgaben stellen. Darauf weist Inge Flehmig, Entwicklungsneurologin und Leiterin des Hamburger Instituts für Kindesentwicklung, hin. Bei vielen Kinder, erklärt sie, verrät der Muskeltonus der Händchen nicht so zuverlässig, wie schläfrig oder wach sie sind. Denn sie haben ständig eine besonders kräftige Muskelspannung, während andere eher insgesamt schlaff sind. Alle Menschen, auch die erwachsenen, neigen mehr der einen oder anderen Kategorie zu. Die »Schlaffen« sind die Supergelenkigen, die Schlangenmenschen. Die mit viel Tonus sind die guten Skiläufer, Hoch- und Weitspringer, Läufer. Die Eltern müssen bei den extrem schlaffen oder angespannten Babys also besondere Sensibilität in der Verhaltensskala dieses besonderen Kindes entwickeln. Da jedoch nie ausschließlich *ein* Anzeichen, wie die Haltung der Händchen, den Eltern Hinweise über die Befindlichkeit des Kindes gibt, schaffen sie es, auch mit diesem Problem fertig zu werden. Ohne darüber nachzudenken, unbewußt. Wir lernen daraus für uns: Die Kompetenzen der Eltern sind anpassungsfähig.

Nur bei Menschen: der frühe Blickkontakt

Eine andere Fähigkeit offenbaren Eltern und Baby von Anfang an darin, wie sie sich anschauen. Obwohl Mütter und Väter meist denken, bewußt denken, ihre neugeborenen Babys könnten noch nicht richtig sehen, bemühen sie sich doch unermüdlich um Blickkontakt, und zwar vom ersten Lebensmoment an. Immer wieder sorgen sie dafür, daß ihr Gesicht im Blickfeld des Kindes ist, diesem voll zugewandt. Sie verkürzen den Abstand zum Kind und bringen ihr Gesicht in eine für Neugeborene optimale Nähe von 20 Zentimetern, um einen Dialog zu beginnen. Wenn sie es dagegen »nur« versorgen – also waschen, anziehen und dergleichen –, nehmen sie einen größeren Abstand ein, der etwa ihrer Augenentfernung von einem Buch beim Lesen entspricht. Sobald es die Mutter oder der Vater nun geschafft hat, den Blickkontakt mit dem Baby herzustellen, »belohnen« sie es mit einem charakteristischen Gesichtsausdruck: der »Grußreaktion«. Dabei öffnen sie in übertriebener Weise Mund und Augen, ziehen die Augenbrauen hoch, ihr Gesicht drückt »erwartungsvolle Aufmunterung« aus. Das Baby antwortet oder beginnt bald selber mit einem ähnlichen Display (Fächer) unbewußter Mimik.

Dieser erste frühe Blickkontakt unterscheidet Menschen ganz wesentlich von Tieren. Nicht einmal bei den uns nächststehenden Verwandten, den Schimpansen, ließ er sich beobachten. Menschen brauchen Blickkontakt mit ihrem Baby nicht nur als Vorbereitung auf die Sprache mit den artikulatorischen Bewegungen des Mundes, sondern für das ganze Wechselspiel von Zeigen, Nachahmen, Verstehen mit all den notwendigen Rückmeldungen vom Partner. Auch die Signale »Weitermachen« oder »Pause« werden im Spiel und im spielerischen Dialog mit den Blicken übermittelt. Wer sein Gesicht abwendet, will Ruhe haben, ist nicht mehr aufnahmebereit. All das wäre ohne dieses gegenseitige Widerspiegeln im Blick des anderen nicht möglich. Auch als Erwachsene brauchen wir noch den Blick des anderen, der uns »aufbaut«, manchmal allerdings leider auch vernichtet.

Die Eltern benutzen in diesen stummen oder von Lauten und Ermunterungen begleiteten Dialogen und Spielen lediglich einen kleinen Ausschnitt aus dem Fächer von Verhaltensweisen, die sie im Umgang mit Erwachsenen anwenden. Sie setzen nur genau voneinander unterscheidbare Verhaltensweisen und Reaktionen ein – und damit sie noch deutlicher und leichter verständlich für das Baby werden, übertreiben sie auch noch. Außerdem wiederholen sie ihre Reaktionen häufig.

Ammensprache ist international

Dem gleichen Prinzip folgen sie auch, wenn sie mit ihrem Kind sprechen. Sie begnügen sich dabei mit einem kleinen Repertoire an besonders kontrastreichen »Mustern«, die sie mit erhöhter Stimme vorführen. Wir alle kennen das und machen es ebenso – in dem Moment, in dem wir uns über einen Kinderwagen beugen und ohne nachzudenken von uns geben: »Na, was macht er denn, der Kleine? Ei, so fein!« Oder: »Ach je, was ist denn, du weinst ja. Na, na, du hast es aber schwer, jaaa.« Und das Ganze dargeboten in einem charakteristischen, gedehnten Auf und Ab unserer Stimme.

Viele haben sich – sehr zu Unrecht – über die von Eltern instinktiv produzierte »Babysprache« lustig gemacht. Andere haben gefordert, man müsse mit einem wenige Tage, Wochen oder Monate alten Baby schon wie mit einem Erwachsenen reden, damit das Kind eine »vernünftige« Sprache lernt. All das beruht auf einem gewaltigen Mißverständnis. Denn ebenso, wie das bis hierher geschilderte intuitive Eingehen der Eltern auf das Baby mit all den nachahmenden Ermunterungen und Übertreibungen als eine durchaus didaktische Verhaltensanpassung verstanden werden muß, ist die sogenannte »Ammensprache« eine Anpassung an das Baby. Eine Anpassung, wie man sie sich feiner, ausgeklügelter und raffinierter gar nicht ausdenken könnte. Und sie hat zudem einen fördernden, unterstützenden, ermutigenden, kurz: didaktischen, Wert.

Es ist ebenfalls das Verdienst der Papoušeks, diese Ammensprache im Dialog mit Babys auf der ganzen Welt aufgezeichnet und analysiert zu haben. Dabei stellte sich heraus: Die babylonische Sprachverwirrung hat eine einzige Sprache vergessen – oder ausgenommen: die zwischen Eltern und ihren jüngsten Kindern. Die »Weisen« und Melodien ihrer Sprache gleichen sich tatsächlich auf der ganzen

Welt. Sie sind weitgehend unabhängig vom Sprachinhalt und werden von der chinesischen Mutter ebenso verwendet wie von dem westfälischen Vater.

Die einfachen melodischen Sprach-»Figuren« werden von den Eltern oder irgendwelchen Erwachsenen im Kontakt mit dem Baby unermüdlich benutzt, manchmal wird so ein kleines Melodienrepertoire bis zu vierundvierzigmal in drei Minuten wiederholt. So wird das Baby schon in den ersten Monaten zum Nachahmen angeregt und lernt auch allmählich, die Sprachmelodien mit einem bestimmten Inhalt – einem tröstenden, einen aufmunternden oder warnenden – in Verbindung zu bringen. Erstes Sprachverständnis entsteht.

Mechthild Papoušek erläutert: »Das Vertrautwerden mit den melodischen Konturen gewinnt dadurch an Bedeutung, daß das Kind dabei gleichzeitig elementare Botschaften ... kennenlernt, lange bevor es Sprache versteht. So finden sich ... ansteigende Konturen in hoher Stimmlage, wenn die Eltern zum Vokalisieren oder zu anderen Formen aktiver Teilnahme am Dialog anregen wollen, aufsteigend-abfallende Konturen, wenn besonders geglückte Laute oder ein Lächeln freudig begrüßt und gelobt werden, abfallende Konturen mit langsamem Tempo und dunkler Stimme, wenn ein verdrießliches oder schreiendes Kind beruhigt oder getröstet wird.«

Mit diesem ersten sprachlichen – oder melodisch-lautlichen – Austausch werden immer zusätzlich Gefühle transportiert. Wie in Gestik und Mimik teilt das Kind der Mutter auch mit seinen Lauten mit, was es fühlt.

Im Grunde sind alle Botschaften, egal welcher Art, zwischen Mutter und Kind gleichzeitig Gefühlsbotschaften. Gerade dieses Ineinandergreifen von Aufforderungen, Informationen, Warnungen, Tröstungen und begleitenden Gefühlen macht die Botschaften für beide Partner so gut verständlich und motiviert sie stets aufs neue.

Was teilt uns ein Baby mit, wenn es schreit?

Die erste nichtverbale, jedoch lautliche Kommunikation bringt das Kind mit Schreien in Gang. Es unterscheidet sich damit zunächst nicht von einer Reihe von Tieren. In der Evolution hat es sich als Verhalten entwickelt, das vor allem schützende Nähe fordert und auch aufrechterhält. Es hat die Eigenschaft, unsere volle Aufmerksamkeit, ja Beunruhigung zu erwecken. Ein Baby, das schreit, vermag damit seine Mutter in der Nähe zu halten und zu motivieren, sich verstärkt um es zu kümmern.

In einigen besonderen Fällen, von denen später die Rede sein wird, kann das Schreien auch ausgesprochen negative oder unsichere Reaktionen hervorrufen. Die Mütter[6] sind dann vor allem verwirrt. Ihr intuitives positives Verhalten gerät aus dem Gleis.

Normalerweise entwickelt sich zwischen Kind und Mutter bald ein ganz spezifisches Schreisignal-System mit bestimmten akustischen Regeln. Das heißt, die Mutter versteht schon nach kurzer Zeit ganz genau, was das Baby »meint« oder »will«.

Es mag Hunger oder Langeweile oder Schmerz und Unwohlsein ausdrücken. Um die Signale richtig zu interpretieren, benutzt die Mutter oder der Vater unbewußt noch einige andere Informationen: Zuerst einmal müssen sie herausbekommen, ob das Kind Schmerzen hat. Wenn nicht, suchen sie weiter: Hat das Baby gerade sein Fläschchen bekommen, dann ist es wohl nicht hungrig. Ist es erst seit einer halben Stunde wach, dann ist es sicher nicht müde. Mutter und Kind handeln im Laufe der ersten Monate die unterschiedlichen Signalbedeutungen sozusagen miteinander aus.

Manchmal schreit das Baby auch ohne ersichtlichen Grund. Dies scheint mit seinen häufigen Temperamentsänderungen in den ersten Lebensmonaten verknüpft. Es fördert damit jedenfalls das soziale Zusammenspiel, indem es so mehr und mehr ein aktiver Partner wird. Auch wenn Eltern manchmal Schwierigkeiten haben, dem Schreien ihres Babys einen positiven Wert zuzubilligen, bleibt es doch ein soziales Signal, auf das sie intensiv reagieren. (Im Kapitel über die »Schreibabys« kommen wir darauf zurück und erfahren, was passiert, wenn diese Intuition außer Kraft gesetzt wird.)

Wenn das System funktioniert, haben beide Partner eine Befriedigung davon: Die Mutter, die ihr schreiendes, Geselligkeit forderndes Baby aufnimmt, erlebt erstens, daß das Schreien sofort aufhört, und zweitens, daß nun eine vergnügliche Situation, eine Interaktion, in Gang kommt. Das Kind seinerseits erfährt und lernt, daß sein Schreien etwas bewirkt. Es stellt fest: »Es klappt. Mama kommt und macht genau das, worauf ich Lust habe.« Die Mutter lernt, daß ihr Kind mehr braucht als nur ein Fläschchen und frische Windeln und daß es dies schon ausdrücken kann. Und es macht ihr Spaß, in ihrem Kind einen echten Sozialpartner zu finden, der ihr sogar einiges Wichtige über sie selber beibringt: nämlich, daß sie eine erfolgreiche, kompetente Mutter ist. Sie ist fähig, die Signale und Ausdrucksweisen ihres Kindes zu verstehen, und sie kann darauf angemessen antworten. Die Papoušeks haben gezeigt, daß all dieses intuitive Elternverhalten ihr Selbstvertrauen stärkt. Mutter (Vater) und Kind bilden so die ideale didaktische Einheit. Einer lehrt und motiviert den anderen.

Erste Lautsignale

Gleichzeitig mit dem Schreien, nämlich schon in den ersten Lebensmonaten, benutzt das Baby jedoch auch andere lautliche Signale. Man hat diese ersten Vokalisierungen lange als sinnloses Gebrabbel unterbewertet, als bloßes Spiel. Tatsächlich scheinen viele Laute Zufallsoder Nebenprodukte der Atmung zu sein. Sie sind jedoch mehr als das, und schon in den ersten Wochen geben sie ziemlich genau Auskunft über die »fluktuierenden emotionalen Verhaltenszustände Erregung, Wohlbefinden, Unwohlsein« (Mechthild Papoušek). Eltern, ja überhaupt Erwachsene, können diese lautlichen Kundgebungen von Freude oder Unwillen meist sehr gut unterscheiden. Sie gehen mit ihrer Ammensprache entsprechend darauf ein, wie wir es zuvor beschrieben haben. Wieder macht das Kind die Erfahrung, daß unterschiedliche Laute, die es produziert, unterschiedliche Laut-Qualitäten, jeweils verschiedene Konsequenzen in Verhalten und Sprache der Mutter nach sich ziehen. Es lernt seine Ausdrucksweise zu verfeinern.

Damit das alles in Gang kommt, verdient ein Umstand vorrangige Beachtung: Die Stimme der Mutter ist für das Neugeborene besonders attraktiv. Viele Untersuchungen haben das gezeigt. Das Kind kennt ihre Eigenschaften schon aus der Zeit im Mutterleib. Es konnte ja schon als Fötus in den letzten Wochen hören (siehe »Fragen an einen Fötus«, S. 78). Es hat also bereits seine Erfahrungen mit der mütterlichen Stimme. Sie ist kein neutraler Reiz für das Kind. Mehr noch als das voll zugewandte freundliche Gesicht ruft allein die Stimme der Mutter häufig ein Lächeln hervor. Ihre Sprache hat also einen starken Gefühlswert. Babys reagieren in den ersten Monaten vor allem auf hohe Stimmen.

Zahlreiche Untersuchungen haben erwiesen, daß die typische Ammensprache erheblich mehr Aufmerksamkeit erweckt als die normale Erwachsenensprache. Vor allem wenn sie von Handlungen begleitet wird: Eine tröstende, beruhigende Sprachmelodie zum Beispiel geht oft mit Schaukeln, eine ansteigend-ermunternde Melodie mit Lächeln einher. Das Kind kann jetzt zwar noch nicht den Wortinhalt verstehen, wohl jedoch die darin ausgedrückten Gefühle und Absichten.

Der Ton macht die Musik

Selbst Erwachsene können diese in der Ammensprache besser heraushören. In einem interessanten Laborversuch spielte man einer Reihe von Studenten oder Eltern Sprachvergleiche vor, aus denen der Inhalt herausgefiltert war, so daß nur noch die Intonation, die Melodie übrigblieb. Das eine Beispiel war Erwachsenensprache, das andere Ammensprache. Die Zuhörer konnten übereinstimmend die Botschaftsabsicht besser und genauer in der Ammensprache als in der Erwachsenensprache heraushören. Die an die Babys gerichteten Worte waren in ihren melodischen Figuren weitaus informativer als die an Erwachsene gerichteten.

Für das Kind erhält Sprache zuerst ihren Sinn durch die Melodie, weniger durch Worte. Darum verstehen deutsche Kinder die Ammensprache von englischen, italienischen oder französischen Müttern sehr gut. Wenn ich mir meinen Babykater Tommy genau ansehe, muß ich allerdings zu dem Schluß kommen, daß auch er die an ihn gerichtete Ammensprache – »oh, so fein« oder »nein!« – ganz gut versteht. Nur kann er selbst eben nicht wie das menschliche Baby solche Laute auffordernd hervorbringen oder nachahmen. Er ist darauf angewiesen zu schnurren oder zu miauen. Auch da gibt es im Zusammenhang mit anderen Verhaltensweisen, wie dem Zusammenkneifen der Augen oder dem Um-die-Beine-Streichen einen ganzen Fächer von Kommunikationssignalen. Wir sollten die Tiere nicht unterschätzen. Schon darum nicht, weil wir wissen, daß wir auf ein uraltes biologisches Erbe zurückgreifen – auch wenn wir im weiteren Verlauf zeigen werden, daß Sprache eine spezifisch menschliche Errungenschaft ist und ganz besonderer biologischer und sozialer Konstellationen bedurfte, um zu entstehen.

Das Richtige in Bruchteilen von Sekunden tun

Vervollkommnet werden alle diese Leistungen der Eltern dadurch, daß sie, wie wir es schon in Sachen Mimik beschrieben haben, mit dem Kind sozusagen in Übereinstimmung handeln. Sie passen sich ständig seinem Verhalten und seiner Befindlichkeit an und ahmen beides häufig nach. Die Nachahmung wirkt wie eine Belohnung für das Kind. Es ist so, als bekäme es, wie auch im liebevollen Blick der Mutter, einen akustischen Spiegel vorgehalten, in dem es sich selber mit seinen Bemühungen erkennen kann. Es erfährt aus diesem Spiegel, daß es Erfolg mit seinen Anstrengungen hat. Sogleich fühlt es sich animiert, es noch einmal zu versuchen. Aufmerksam schaut es in das Gesicht der Mutter und lauscht ihrer Stimme, um herauszufinden, ob es die gewünschte Reaktion hervorgerufen hat.

Erstaunlicherweise ahnen wir von all dem fast nichts, trotzdem tun wir es im Laufe eines Tages als Eltern Hunderte von Malen. Vor allem bei wenige Tage alten Babys fluktuieren Zustände von wacher Aufmerksamkeit, Quengeligkeit, Unruhe und Schläfrigkeit sehr schnell. Die Eltern müssen sie also ebenso rasch erkennen und darauf reagieren können. Würden sie bewußt darüber nachdenken, wären sie bald völlig erschöpft. Kein Lehrbuch könnte uns die Feinheit der gerade auf unser Kind und seine jeweilige Verfassung abgestimmten Reaktion oder Aktion beibringen. Wir wissen und können es alles von allein, und zwar in jedem Moment genau das richtige.

Babys und sogar schon Neugeborene haben also die Fähigkeit, den Eltern ziemlich genau mitzuteilen, wie ihnen gerade zumute ist: nach Spielen und Zwiesprache, nach Nahrung, das heißt Stillen oder dem Fläschchen, ob sie satt, müde oder einfach ruhig, aufmerksam oder neugierig sind. Und Eltern haben die dazu passenden Fähigkeiten, das alles richtig zu verstehen und darauf zu antworten. Sie haben das nicht nur nirgendwo gelernt. Es würde ihnen sogar schaden, solche Dinge lernen zu wollen. Stellen wir uns vor, was passierte, wenn sie all das Unbewußte, was hier geschieht, *bewußt* tun wollten. Ein heilloses Durcheinander wäre die Folge. Zum ersten wären sie, wie eben erwähnt, nicht schnell genug. Denn die meisten der hier geschilderten Verhaltensabläufe folgen in Bruchteilen von Sekunden aufeinander. Zum zweiten gingen ihnen beim gewollt bewußten Handeln eben jene intuitiven Fähigkeiten, die wir gerade geschildert haben, verloren. Sie würden das Vertrauen in die Richtigkeit ihres Handelns verlieren.

Darum schreibt der englische Kinderarzt und -analytiker Donald W. Winnicott, der wie kein zweiter Erfahrungen mit Müttern und ihren Babys gesammelt hat: »Wenn den Müttern gesagt wird, sie sollten dies oder das oder noch etwas anderes tun, geraten sie bald durcheinander, und [das Wichtigste dabei] sie verlieren den Kontakt zu ihrer eigenen Fähigkeit zu handeln, ohne genau zu wissen, was richtig oder falsch ist. Allzu leicht fühlen sie sich inkompetent. Wenn sie erst alles in einem Buch nachschlagen ... sollen, handeln sie oft zu spät, sogar dann, wenn sie das Richtige tun, denn die richtigen Dinge müssen sofort getan werden«.[7] Und dazu gehöre eben Intuition oder Instinkt.

Das Kind seinerseits wird in eine beunruhigende Verwirrung gestürzt. Es erlebt plötzlich nicht mehr die vertraute Mutter, die mit Mimik und Stimme in einer *vorhersehbaren*, verständlichen Weise Dinge tat und antwortete. Denn unvermittelt passen ihre Verhaltensweisen gar nicht mehr zu denen des Babys. Der ganze Zauber des Intuitiv-Unbewußten scheint verschwunden. Mit der Vertrautheit, Vorhersehbarkeit und Verständlichkeit der Mutter geht dem Baby noch viel mehr verloren: die Sicherheit und Freude, die Motivation zum aktiven Erkunden, seine Neugier auf die Welt und die Lust, selber etwas mit seinen kleinen Handlungen zu bewirken, und schließlich die Kommunikation. Dafür erlebt es nun Angst vor dem Unverständlichen und Mißtrauen, es wird depressiv und passiv und zieht sich in kommunikationslose Isolierung zurück.

Es gibt also auf der Eltern- ebenso wie auf der Kindseite gute, allzugute Gründe, Mütter und Väter in einem natürlichen Vertrauen zu sich selber zu stärken.

»Schreibabys« – wenn Kompetenzen außer Kraft gesetzt werden

Marianne hat geduldig versucht, ihr schreiendes Baby zu beruhigen. Sie hat es hoch genommen, an ihre Schulter gelehnt, ihm begütigend zugesprochen, leicht auf den Rücken geklopft, es gestreichelt, ihm den Schnuller in den Mund gesteckt, ist mit ihrem Sohn, ihn rhythmisch »schuckelnd«, auf und ab gegangen, hat das bunte Glasmobile zum Klingen gebracht, ihm den Bauch massiert und schließlich ein Fläschchen gegeben, das Michi, noch lauter weinend, verweigerte. Sie hat ihr ganzes Arsenal an intuitiven, der Situation angemessenen Verhaltensweisen in einfallsreicher Weise angewendet. Sie hat sich kompetent gezeigt – eine gute Mutter. Trotzdem blieben sämtliche Bemühungen ohne Erfolg. Michi schrie und schrie, bis zur Erschöpfung und immer noch weiter. Nun versucht es der Vater, spielerisch gut gelaunt zunächst, alles einsetzend, was ihm in den Sinn kommt – ebenfalls ohne Wirkung. Schließlich verliert er die Geduld. Mit den Worten »Jetzt ist Schluß, jetzt wird geschlafen«, packt er den Kleinen ins Bett in sein Zimmer, schlägt die Tür unsanft zu. Michi schreit weiter. Marianne vergräbt, nun selber weinend, das Gesicht in den Händen. Seit Wochen geht das so: Jeden Abend und jede Nacht schreit das Baby stundenlang. Der Kinderarzt hat etwas von Nabelkoliken gesagt und ein leichtes Beruhigungsmittel verschrieben. Marianne probiert es immer wieder mit Fencheltee. Nichts vermag dem Schreien des Kleinen Einhalt zu gebieten.

Kein Wunder, wenn Eltern wie diese den Eindruck haben, vollkommen zu versagen. Ihr Problem zählt keineswegs zu den seltenen Ausnahmen. Denn 15 Prozent aller Säuglinge schreien in den ersten drei Monaten mehr als drei Stunden lang. Diejenigen, die das an mindestens drei Tagen in der Woche und über mehr als drei Wochen lang tun, bezeichnet man als »Schreibabys«.

Sie beginnen mehrheitlich am frühen Abend und schreien manchmal bis zu fünf oder gar sieben Stunden lang, bis ein Uhr nachts, häufig auch, wenn sie auf dem Arm herumgetragen werden. Am Tag halten sie nur kleine Nickerchen. Meist sind sie völlig überreizt.

Für die betroffenen Eltern ist wichtig zu wissen, daß nicht sie »schuld« sind. Die Gründe für das exzessive Schreien der Babys liegen häufig, nämlich zu über 60 Prozent, schon in der Schwangerschaft mit einer Reihe von leichten oder schweren biologischen und psychosozialen Risikofaktoren (beispielsweise Entwicklungsstörungen im Mutterleib durch ganz unterschiedliche Faktoren wie Krankheit der Mutter, Sauerstoffmangel, von außen einwirkende Schadstoffe, aber auch eine schwierige soziale Situation infolge Armut, Alleinleben der Mutter, schlechter Partnerschaft – mit allen begleitenden seelischen Belastungen). Hinzu kommen Geburtskomplikationen wie Sauerstoffmangel, zu lange, zu schwierige Geburt, Folgen von Zangen- oder Sauggeburt. Ein Drittel dieser Kinder weist neurologische Auffälligkeiten auf, die jedoch später meist verschwinden. Manchmal sind auch Infekte, Herzfehler oder Magen-Darm-Erkrankungen der Grund. Die häufigsten Ursachen sind ganz einfach Ernährungs- und Verdauungsprobleme, schmerzhafte Koliken und Schlafstörungen. Diese Beeinträchtigungen versteht man heute besser als noch vor einigen Jahren im Zusammenhang mit der Unreife des kindlichen Nervensystems.

In der Regel gibt es für das unstillbare Schreien mehrere Gründe. Dies beobachtete Mechthild Papoušek, die als eine der ersten dem Problem der »Schreibabys« und ihrer Eltern eine ausgedehnte Forschungsarbeit widmete. Sie war von dem Leiden der Kinder und Eltern in dieser ausweglos scheinenden Situation so beeindruckt, daß sie im Rahmen des Münchener Kinderzentrums eigens eine »Schreisprechstunde« einrichtete, die regen Zulauf hat.

Kein Wunder, denn häufig müssen Mütter – zum Beispiel alleinstehende, aber oft auch verheiratete – entweder ganz allein mit allem fertig werden, nicht selten leiden beide Eltern unter seelischen und sozialen Belastungen. Das heißt, äußere Bedingungen erschweren den Umgang mit diesen Streßsituationen und haben sogar noch eine verstärkende Wirkung. Dann schaukelt sich alles zur Dauerkrise hoch. Mechthild Papoušek erkannte, daß diese für die spätere Eltern-Kind-Beziehung und damit für die Entwicklung des Kindes Konsequenzen haben muß, wenn hier niemand zu Hilfe kommt, wenn der Teufelskreis nicht durchbrochen wird.

Schreien ist ein Bindungssignal

Was passiert bei den Eltern? Zunächst sind sie nicht sonderlich beunruhigt. Sie verstehen das Schreien ihres Babys ganz richtig als eins unter mehreren Kommunikationsmitteln: der Mimik, Körpersprache, anderen Lauten, Lächeln, Blicken. Es erinnert sie über kleine und größere Entfernungen hinweg daran, daß ihr Baby sie braucht. Es schreit, um die Bindung mit der Mutter aufrechtzuerhalten. Sie soll in der Nähe bleiben. Und in der Tat motiviert es die Eltern damit in besonderer Weise – ein durchaus positiver Beitrag zum Familienleben also. Zudem drückt das Baby durch sein Schreien etwas aus: unterschiedliche Wünsche und Bedürfnisse nämlich. Es mag Hunger haben, frieren, unter Schmerzen leiden, sich einfach nicht wohl fühlen, unbedingt Gesellschaft brauchen, Sicherheit im Gesicht der sich über es beugenden Mutter suchen, sich einsam fühlen, Lust auf Gesellschaft – auf Spielen und Lernen – haben. Vielleicht will es auch einfach ausprobieren, ob sein Bindungssignal funktioniert. Das ist in diesem Entwicklungsstadium eine ganz und gar positive Leistung – kein Ausdruck von früher Tyrannei! Denn eine der wichtigsten Erfahrungen am Lebensanfang beruht für das Baby darauf, daß es sich auf die Eltern verlassen kann und daß sie darin *vorhersehbar* sind. So entsteht Vertrauen in diese Menschen, aber auch Vertrauen in sich selber. Das Kind lernt etwas ganz Wichtiges, indem es erlebt, daß die Mutter erscheint, wenn es schreit. Es lernt: Ich kann etwas bewirken. Ich bin kein hilfloses Bündel. Ich kann schon etwas, und sei es zunächst nur, mit Schreien die Mutter herbeiholen. So ungefähr mag dieses Erleben einer der allerersten Kompetenzen sein. Wenn das wiederholt so abläuft und die Mutter prompt reagiert, lernt das Baby in der Folgezeit auch, daß es gar nicht nötig ist, sich die Lunge aus dem Hals zu schreien. Es moduliert seine Laute und geht nach und nach zu feineren Ausdrucksmitteln über.

Sie differenzieren sich schnell immer mehr – eine Vorübung für Sprache. Denn die Mutter hat ganz richtig erkannt, ob das Baby friert, Spaß haben will, und all die Wünsche erspürt, die es selber noch gar nicht genau kennt. Das heißt, die Mutter hat an der Art, wie ihr Baby schreit, gehört und verstanden – und lernt es schnell immer besser –, was ihr Baby jetzt so dringend braucht. Was erlebt sie? Etwas Ähnliches wie das Baby: ihre Kompetenz. Einfach herrlich. Nichts ist so befriedigend für Mütter oder Väter, genau das Richtige getan zu haben und am strahlenden oder zufriedenen oder wieder beruhigten Gesicht ihres Kindes ablesen zu können, daß sie gute Eltern sind.

So geht es in der Regel. Wir können uns nun schon vorstellen, was passiert, wenn irgend etwas in diesem Zusammenspiel zwischen den beiden Partnern gestört ist, und zwar nicht nur vorübergehend, sondern häufig und dauerhaft. Wenn zum Beispiel das Kind sich nicht wie erwartet bei der Zuwendung der Eltern beruhigt. Was werden sie wohl als erstes empfinden? Sorge, Beunruhigung, Streß, Enttäuschung. Nach und nach verlieren sie das Vertrauen in ihre eigene Kompetenz, und irgendwann werden sie vielleicht ihrem Baby böse sein, daß es ihnen kein Erfolgserlebnis erlaubt, wo sie doch alles versuchen, ihm Gutes zu tun. Am Ende nistet sich neben Erschöpfung manchmal auch Aggression ein.

Wenn das Vertrauen in die eigene Kompetenz erschüttert ist

So schlimm muß es nicht kommen. Außerdem, ein Trost für Eltern, dauert das Ganze meist kaum länger als drei bis vier Monate. Wenn allerdings Eltern ihre Beziehung zum Kind nicht so positiv wie eben geschildert erleben, wenn der Glaube an die eigene Kompetenz durch die Unstillbarkeit des Schreiens erschüttert ist, dann stellen sich Folgen ein, die länger als nur einige Wochen anhalten können. Es gilt, den negativen Mechanismus möglichst rasch zu durchbrechen, ja, ihm sogar vorzubeugen; und eben das versucht Mechthild Papoušek in ihrer Münchener »Schreisprechstunde«. Der Erfolg stellt sich oft schon nach wenigen Sitzungen ein.

Was vermieden wird, ist vor allem, daß die Eltern aufgrund des Verlusts an Selbstvertrauen nun nicht auch noch ihre ganze Intuition verlieren. Das hört sich harmlos an, bedeutet aber eine ganze Menge und macht uns noch einmal klar, wie wichtig es ist, daß Mütter und Väter sich so ziemlich auf ihren »Instinkt« verlassen können.

Nun sind sie nämlich so verunsichert, daß sie verzwei-

felt nach jedem Strohhalm greifen. Hat nicht die Groß-
tante immer schon gesagt, Babys muß man schreien lassen, möglichst allein draußen an der frischen Luft? Das
stärke die Lungen. Meinte nicht Freundin Karin, beeindruckt von einem Artikel in einem Frauenmagazin, genau das sei ganz falsch? Immer und in jedem Fall müsse
die Mutter das Baby beruhigen. Sagten nicht Freunde, so
etwas kennen sie von ihrem zwei Monate alten Paulchen
nicht, den nähmen sie in jede Kneipe mit? Und hatte Marianne nicht neulich gelesen, das Gehör des Babys sei so
empfindlich, da dürfe man nicht zu laut sein? Und das
Füttern! Das Baby brauche häufig Nahrung, um nicht un-
terzuckert zu sein. Die Oma dagegen erklärte freundlich,
aber dezidiert: »Ich habe euch immer zu festen Zeiten gefüttert, da gab's gar nichts.« Und Herumtragen, das kam
natürlich überhaupt nicht in Frage. In der Fernsehsendung
neulich jedoch hatte Marianne erfahren, wie wichtig das
Schaukeln und alles, was die Fachleute »vestibuläre Stimu-
lation« (Reizung des Gleichgewichtssystems) nennen, für
die Entwicklung des Babys ist.

Viele Erwachsene reagieren eher feindselig als verständnisvoll

Einige dieser Ratschläge oder Informationen sind gut, andere schlecht. Für die Mutter, die ohnehin nicht mehr klar-
sieht, sind sie schwer zu beurteilen. Hinzu kommt eine Sache, die das Ganze noch schwieriger macht: Im Umfeld

der Eltern gibt es Erwachsene, die sich nicht nur durch das Schreien gestört fühlen, sondern die überdies uneingestandene Aggressionen gegen Babys, Kinder und ihre Mütter haben. Oft aus unerfüllten eigenen Wünschen, oft im niemals verarbeiteten Haß auf ihre eigene Kindheit mit vielleicht lieblosen, uninteressierten oder mißhandelnden Eltern. Unter uns leben viel mehr Erwachsene mit solchen Lebensgeschichten, als wir uns vorzustellen vermögen. Diese Menschen werden der belasteten Mutter gegenüber nicht gerade freundlich gesonnen sein; vielleicht tun sie so, ihr Verhalten wird in jedem Fall ambivalent sein. Häufig drücken sie sich nett aus, um zerstörerische Kritik zu üben. Die Mutter, die sich so auf ihr Kind einläßt, gefällt ihnen unter Umständen überhaupt nicht, denn vielleicht haben sie eine solche Mutter nie gehabt und könnten selber auch keine sein. Sie lassen an der Frau und ihrem Baby kein gutes Haar. Das Kind gehört hart angefaßt, finden sie. In Wahrheit möchten sie es »mundtot« gemacht haben. Ihr Empfinden, das sie natürlich nicht in Worte fassen, könnte etwa so lauten: »Es soll endlich zum Schweigen gebracht werden. Warum nicht gleich erstickt, ertränkt, aus der Welt geschafft, der Schreihals, und die Mutter am besten im selben Aufwasch mit?«

Eltern, insbesondere junge Mütter, die an solche falschen »Freunde« geraten, werden oft in ihrem Selbstbewußtsein schwer erschüttert. In ihrer Unsicherheit können sie auch hier nicht unterscheiden: Die Frau, die da mit ihnen redet, scheint freundlich, in Wahrheit spüren sie jedoch den Haß, den Zerstörungswunsch. Fest steht, sie und ihr Kind werden in Frage gestellt. Sind sie nicht total inkompetent, Versager?

In ihrer Verzweiflung über das ohrenbetäubende und herzzerreißende Schreien ihres Babys und in ihrem Mitleiden versuchen sie, versucht auch Marianne ein bißchen von allem. »Häufig haben wir hier Mütter«, erklärt Mechthild Papoušek, »die ihr Kind den ganzen Tag herumtragen.« Man kann sich vorstellen, wie erschöpft sie sind. Manche reagieren nun auch auf jedes Piepsen mit dem Fläschchen, was die Sache nicht besser macht. Andere gehen nur auf Zehenspitzen und lassen überhaupt keinen Besuch mehr in die Wohnung.

Weniger intuitiv zu handeln, das bedeutet aber auch, daß die Mutter sich in ruhigen Momenten nun nicht mehr entspannt und spielerisch ihrem Kind zuwendet. Sie beschäftigt sich mit ihm nur noch, wenn es schreit. Es bedeutet weiter, daß sie auf einmal die feinen Rückmeldungen des Babys auf ihre Handlungen nicht mehr gut wahrnimmt. Sie merkt nicht mehr, wie es sich selbst zu regulieren versucht, beispielsweise seinen eigenen Schlafrhythmus finden möchte (davon wird noch ausführlich in einem späteren Kapitel die Rede sein). Sie hat ja mit dem Selbstvertrauen auch viel von dem anfänglichen Vertrauen in die Fähigkeiten des Kindes verloren.

Nun funktioniert das oben beschriebene intuitive Zusammenspiel zwischen Mutter und Kind nicht mehr. Darum kann jetzt auch das Baby nicht mehr erleben, daß seine Mutter in einer, wie wir es genannt haben, *vorhersehbaren* Weise handelt. Sie braucht viel zuviel Zeit für ihre Reaktionen, wenn ihr der Instinkt abhanden kommt. Sie denkt über alles, was sie tut, gestreßt nach. Nichts paßt mehr zusammen. Es ist genau das, was Winnicott mit jenem »Durcheinander« beschrieben hat, in das verunsicherte Eltern geraten.

Was bleibt den Babys dann anderes übrig, als in diesem Chaos der Unverständlichkeit weiterzuschreien – vor allem, wenn die biologischen Ursachen, etwa die Bauchschmerzen und -krämpfe, nicht verschwinden.

Ein Beispiel aus der Sprechstunde für »Schreibabys« am Münchener Kinderzentrum soll uns das noch einmal konkret vor Augen führen: Ein fünf Monate altes kleines Mädchen wird in der Sprechstunde vorgestellt. Es leidet offenbar unter sogenannten Dreimonatskoliken – nur sind diese nicht, wie zu erwarten gewesen wäre, am Ende dieser Zeit verschwunden. Die bereits ziemlich aufgelöste Mutter schildert, daß ihr Kind über viele Stunden am Tag unruhig sei, daß es regelrechte »Schreiattacken« vollführe, die sie sich nicht erklären könne. Da das kleine Mädchen auch nach dem Stillen schreit und sehr langsam und angestrengt mit verkrampften Fäustchen trinkt, sorgt sich die Mutter, daß sie nicht ausreichend Milch für ihr Baby hat. Sie ist vor allem davon verunsichert, daß das Baby sie beim Trinken nicht anschaut. Sie versteht dies als Verweigerung und meint, das Kind balle deshalb so krampfhaft die Fäustchen, weil es böse auf sie sei. Sie fühlt sich von ihrer kleinen Tochter abgelehnt. Zwischen den Stillzeiten muß die Mutter ihr Kind fast ununterbrochen herumtragen oder mit ihm auf einem Gummiball hopsen, um es zu beruhigen. Nachts wacht sie vom Schreien der Kleinen auf. Das Baby verlangt mehrmals die Brust und schläft nur im Bett der Eltern wieder ein.

Diese Mutter kommt erschöpft, mit einem riesigen Schlafdefizit und in einer akuten Krise ins Kinderzentrum. Sie wird mit dem Haushalt nicht mehr fertig, die Unordnung wächst ihr über den Kopf. Sie ist verzweifelt, fühlt sich ohnmächtig, am liebsten wäre sie manchmal einfach geflüchtet und hätte versucht, das Baby an der nächsten Straßenecke loszuwerden. Solche Phantasien quälen sie häufig. Nicht verwunderlich, daß sie sich mit heftigen Schuldgefühlen plagt.

Wie kann den Eltern geholfen werden?

Zuallererst müssen die Symptome ernst genommen werden. Der Arzt muß also in einer sorgfältigen Untersuchung eine akute oder chronische Erkrankung ausschließen. Er muß herausfinden, welche Risikofaktoren eine Rolle spielen könnten – eine schwierige Schwangerschaft, Geburtskomplikationen, Unreife des Babys, neurologische Befunde, Wahrnehmungsstörungen oder Frühgeburt. Erstaunlicherweise kommt gerade bei den Frühgeborenen das Schreisyndrom relativ selten vor, wahrscheinlich wegen der guten Vorbereitung der Eltern auf die besondere Situation des Kindes.

Der Arzt sollte nicht gleich zum Rezeptblock greifen. Beruhigungs- und Schlafmittel haben unerwünschte, oft langfristige Nebenwirkungen. Gewöhnung tritt sehr rasch ein, so daß sie dann kaum noch helfen. Vor allem aber, und das ist die größte Gefahr dabei, beeinträchtigen sie die Entwicklung der biologischen Rhythmen. Diese Babys haben ja gerade Schwierigkeiten damit. Die Anpassung an die Welt außerhalb des Mutterleibs vollzieht sich bei ihnen nicht harmonisch-problemlos. Es ist für ein Baby nach der Geburt angesichts der ungeheuren, zuvor beschriebenen Umstellung gar nicht leicht, seinen eigenen Rhythmus zu finden – für Schlafen und Wachsein, für Atmen im Schlaf und im Wachen, für Ruhephasen und Aktivitäten, Temperaturabfall und -anstieg, für die gesamte Verdauungsarbeit, für lernbereit oder passiv, hungrig oder satt sein, ebenso für bestimmte biochemische Vorgänge, zum Beispiel Hormonausschüttungen, die sich morgens von denen des Nachmittags oder des Abends unterscheiden.

Einige dieser Rhythmen entwickelte zwar der Fötus fast unabhängig von der Mutter, trotzdem hat er nach der Geburt eine Menge damit zu tun, sie einzustellen. Gibt man einem Baby aber Medikamente zur Beruhigung, so wird seine gesamte Selbstregulation aufs neue gestört. Sogar bei Erwachsenen – viele wissen das aus eigener Erfahrung – verliert zum Beispiel der Schlaf seine natürliche Struktur, wird Traumschlaf zum Beispiel weitgehend unterdrückt, wenn sie Schlaf- oder Beruhigungsmittel nehmen. Gerade in der ersten Lebenszeit spielt aber der ungestörte und ausgedehnte Traumschlaf, auch REM-Schlaf genannt (von englisch: Rapid Eye Movement – schnelle Augenbewegung) eine besondere Rolle. Schlafforscher bezeichnen ihn als den Entwicklungsschlaf. Wir werden später erklären, warum er unerläßlich ist.

Wirksamer ist, alles zu unternehmen, was der Mutter Entspannung verschafft, sei es allein durch verständnisvolle Gespräche, in denen sie sich ernst genommen fühlt, durch den Wiederaufbau ihres Selbstvertrauens, sei es im Gespräch gemeinsam mit ihrem Partner. Er kann eine unschätzbare Hilfe sein, nicht nur direkt, indem er einen Teil der ermüdenden Fürsorglichkeit für das Baby übernimmt, sondern auch, indem er die Mutter liebevoll stützt und ermutigt, indem er ihr Verläßlichkeit und wirkliche Verfügbarkeit bietet. Wenn er das zu Hause nicht schafft, kann er es ihr immerhin in den therapeutischen Sitzungen der »Schreisprechstunde« vermitteln. Manche Mütter gehen schon nach ein, zwei Malen erleichtert nach Hause. Oft, weil sie dabei erfahren haben, daß nicht sie es sind, die versagen, sondern daß es ihre Umwelt ist, die ihnen eine unnatürliche Lebensweise abverlangt.

Hilfreich sind auch Einrichtungen wie »PEKIP« (Prager-Eltern-Kind-Programm), die sich über die ganze Bundesrepublik finden lassen, wenn auch nicht in ausreichender Anzahl.[8] Das sind fachlich begleitete Elterngruppen – ohne besondere Probleme – die sich über das ganze erste Lebensjahr des Babys regelmäßig treffen. Hier soll Eltern nichts beigebracht werden. Sie haben dagegen Gelegenheit, ihre ihnen eigene Intuition mit den Kindern zu entfalten und ihr mehr vertrauen zu lernen. Der Austausch mit den anderen Eltern, die Möglichkeit, sie im Umgang mit ihren Kindern zu beobachten und mit ihnen ihr Vergnügen und ihre Sorgen zu teilen, die Gelegenheit, mit den ausgebildeten Gruppenbetreuern alles besprechen zu können, was man erlebt und was einem Sorgen macht, kann für die Eltern eine außerordentliche Entlastung bedeuten und so weit vorbeugend wirken, daß sich Teufelskreise in der Eltern-Kind-Beziehung gar nicht erst installieren.

Immer wieder zeigt sich, daß dort, wo Mütter (junge Eltern) sich treffen, egal ob privat oder in solchen Einrichtungen, das scheinbar verlorengegangene intuitive Verhalten wieder zum Vorschein kommt. Vielleicht brauchen sie es, daß sie sich gegenseitig stützen. Sie bekommen ja in ihrem Umfeld nicht den verwandtschaftlichen, familiären oder freundschaftlichen Halt, der notwendig wäre, damit sich ihre Intuition naturgemäß entwickeln könnte.

Oft begreifen sie auch in solchen Gesprächen, in denen sie ganz unter sich sind, daß sie vielleicht etwas an ihrer Lebensweise ändern müssen. Dann zeigt sich gelegentlich, daß die Probleme der Babys plötzlich verschwinden.

Was wir von den Naturvölkern lernen können

Unter den direkt an das Kind gerichteten Handlungen hilft es nach den Erfahrungen von Mechthild Papoušek am meisten, wenn die Eltern sofort auf das Schreien reagieren, und zwar, wie sie sagt, »schon bei den ersten Schreilauten, womöglich schon bei den Vorboten ...« Dafür gibt es mehrere Gründe.

Wir erkennen sie am besten, wenn wir uns ansehen, wie es die sogenannten Naturvölker halten. Bei ihnen können wir einiges beobachten, was uns in unseren westlichen Zivilisationen abhanden gekommen scheint. Sie sind in ihrem Verhalten, besonders in der Mutter-Kind-Beziehung oder überhaupt der Erwachsenen-Kind-Beziehung, noch näher an unserem biologischen Erbe. In diesen »primitiven« Gesellschaften gibt es wiederholten Berichten von Anthropologen und Psychologen zufolge keine schreienden Kinder – jedenfalls keine dauerhaft schreienden. Die Kleinen haben zwar über den Tag verteilt ebenso viele Quengel- und Weinepisoden wie bei uns, aber diese halten jedesmal nur wenige Sekunden bis zu etwa anderthalb Minuten an. Denn immer ist da jemand, der sofort reagiert mit Trösten, Aufnehmen, Herumtragen, Streicheln, Füttern, Ablenken. Häufig, so beobachtete der Anthropologe Wulf Schiefenhövel auf den Trobriandinseln, von Papua-Neuguinea, nehmen sich gleich zwei Personen der weinenden Kinder an.

Die eben geschilderte Geschichte des fünf Monate alten »Schreibabys« aus München hätte hier sicher einen ganz anderen Verlauf genommen. Die Mutter wäre mit ihrem Baby nicht sich selbst überlassen gewesen, einige andere Erwachsene hätten unaufgefordert dafür gesorgt, daß sie entlastet würde. Außerdem wäre es selbstverständlich, daß das Kind häufig gestillt und fast dauernd herumgetragen würde. Nachts würde es bei den Eltern schlafen. Es ist anzunehmen, daß unter diesen Bedingungen weder das Baby sich selber in langen »Schreiattacken« noch die Mutter in

Überforderung und Schuldgefühlen bis zur Erschöpfung abgekämpft hätten.

Daß Schiefenhövel in diesen Inseldörfern keine schreienden Kinder hörte, hat noch andere Gründe: Man geht mit Schwangerschaft und Geburt anders um als bei uns – das heißt, man kümmert sich um die Gebärende, man trennt sie nicht von ihrem Baby. So gibt es in Papua-Neuguinea keine Wochenbettdepressionen. Die Mütter sind von der Geburt offenbar nicht so erschöpft wie bei uns, sie wenden sich mit allen Sinnen »in ruhiger Beobachtung und mit liebevollen Pflegehandlungen« (Schiefenhövel) sofort ihrem Kind zu. Dieses ist »gleich nach der Geburt besonders wach und aufnahmefähig für visuelle, olfaktorische, haptische und vermutlich auch akustische Reize«. Die Kinder leben von Anfang an in engem Körperkontakt mit der Mutter, im ersten Lebensjahr sind es durchschnittlich 19 Stunden am Tag. Wenn die Mutter das Kind nicht bei sich hat, übernehmen oft ältere Geschwister oder andere Personen diese Aufgabe. Außerdem schlafen die Kinder nie allein, Babys und Kleinkinder liegen am Körper ihrer Mutter – meist auf dem Oberschenkel, in der Armbeuge oder ihr Gesicht dem der Mutter nahe zugewandt. Es ist leicht zu verstehen, daß Erwachsene, nicht nur Mütter, unter diesen Bedingungen leichter und schneller die Signale der Kinder empfangen.

Nun sind Mütter in unserer Welt sicher nicht weniger kompetent als die Mütter der Trobriandinseln. Sie sind nur durch weniger natürliche Umwelt- und Lebensbedingungen ihrem psychobiologischen »Erbe« entfremdet.

Sie vermochten sich selber den zivilisatorischen Erfordernissen einigermaßen anzupassen (nicht ohne erhebliche Schwierigkeiten auch in ihrer eigenen Kindheit). Als Erwachsene, deren Entwicklung mehr oder weniger abgeschlossen ist, haben sie damit nicht allzu viele Probleme. Das Baby wird noch unberührt von Zivilisation mit seinem jahrmillionenalten evolutionären Erbe geboren. Sein Reifezustand, sein Nervensystem, seine biologischen und psychischen Funktionen sind so, wie sie vor einigen tausend Jahren waren. Außerdem kommt das Menschenbaby im Vergleich zu anderen Säugern extrem unreif zur Welt, es braucht nach der Geburt immer noch den »sozialen Uterus« einer liebevollen, zärtlichen, stets verläßlichen Familie. Die moderne Technologie und alle »Fortschritte« der letzten Jahrzehnte haben darauf so gut wie keinen Einfluß gehabt – jedenfalls nicht im Sinne evolutionärer Veränderung. Unsere biologische Entwicklung hält mit den Veränderungen unserer Lebensweisen nicht Schritt.

Wir müssen uns klarmachen, daß ein Abgrund klafft zwischen künstlichen Umweltbedingungen – wie zum Beispiel ein Baby gleich nach der Geburt allein in ein Bettchen und in ein geschlossenes Zimmer zu legen, ihm Lebensrhythmen aufzuzwingen, die uns unser professionelles Leben abfordert – und den biologischen, den psychobiologischen Bedürfnissen eines Neugeborenen. Sonst wäre es unverständlich, warum Mütter heute so hilflos scheinen. Sie sind es ja gar nicht. Sie werden nur dazu gebracht.

Zurück zum prompten Reagieren auf das Schreien. Es

ist zunächst biologisch sinnvoll, denn die Mutter beantwortet damit ein Alarm-, ein Notsignal. Zum zweiten ist es leichter, gleich zu Anfang herauszufinden, *warum* das Kind geweint hat. Drittens gerät das Kind auf diese Weise gar nicht erst in einen unauflösbaren, unumkehrbaren Erregungszustand. Deshalb läßt es sich, viertens, auch leichter beruhigen. Am besten geht das bis zu anderthalb Minuten nach dem Beginn des Schreiens. Fünftens kann das Baby danach besser einschlafen als nach erschöpfenden Erregungszuständen, und – falls es gar nicht müde ist – wird es auch leichter wieder zum Spielen aufgelegt und aufmerksam genug für Dialog und Umwelt sein.

Viele Gründe sprechen also dafür, *sofort zu reagieren*. Wissenschaftliche Untersuchungen und praktische Erfahrungen von Eltern zeigen, daß dies der wirksamste Faktor ist, der während des ersten Lebensjahrs das Schreien vermindert, das heißt seine Häufigkeit und Dauer reduziert.

Meistens nehmen die Mütter ihr Baby auf, legen es an ihre Schulter und tragen es herum: das beste Mittel, um ein kurz weinendes Kind zu beruhigen. Nur in wenigen Fällen bedeutet dies bereits eine Überreizung für das Kind: nämlich dann, wenn es extrem übermüdet ist. Wiegen oder Spazierenfahren können dann noch helfen, daß es zur Ruhe kommt. Manchmal schreit ein Kind plötzlich des Nachts, dann kann es erst völlig aus dem Schlaf geweckt werden, wenn die Mutter es aufnimmt. Darum ist es besser, in dieser besonderen Situation erst einmal kurz abzuwarten, vielleicht beruhigt es sich nach kurzem Weinen ganz von selbst und wacht gar nicht richtig auf.

Das Kind will selber seinen Rhythmus finden

Da wir nun schon beim Schlafen sind: Wir sollten Babys nach der Geburt Gelegenheit geben, ihren eigenen Schlaf-Wach-Rhythmus zu finden. Wir können ihnen dabei helfen, indem wir uns nicht wie bisher so sehr um den Schlafzeitpunkt kümmern, sondern indem wir das Wachsein der Babys besser gestalten. Die neuere Schlafforschung vermochte anhand wiederholter Beobachtungen nachzuweisen, daß die *Qualität* des Wachseins einen besonderen Einfluß auf den Schlaf hat. Ist unser Wachsein mit befriedigender Aktivität und einem anregenden sozialen Leben ausgefüllt, dann schlafen wir nachts besser und werden auch zu bestimmten Zeiten eindeutiger müde. Das gleiche gilt für Babys. Es ist wichtig, die anfangs kurzen Wachperioden zu Zwiegesprächen und spielähnlichen Beschäftigungen zu nutzen, ja, sie nach und nach auszudehnen. Das fällt nicht schwer, denn das Baby »giert« geradezu nach solchem vergnüglichen Umgang mit der Mutter oder dem Vater.

Neuere Beobachtungen haben ergeben, daß die günstigste Zeit für solche Dialoge, Spielereien und das damit verbundene Lernen etwa 15 bis 20 Minuten nach der Mahlzeit ist. Das Baby ist dann besonders aufnahmebereit und bringt im Spiel und im Dialog mit der Mutter ganz überraschende Fähigkeiten hervor. Mechthild Papoušek erklärt: »Müdigkeit und Schlafbedürfnis unmittelbar nach der Mahlzeit sind gewöhnlich nach einem kurzen Nickerchen, oft noch auf dem Arm der Mutter, überwunden und werden von einem Zustand besonderer Aufmerksamkeit abgelöst.« Wir sollten also von unserer in Deutschland verbreiteten Gewohnheit, das Kind nach dem Stillen oder dem Fläschchen für einen längeren Schlaf hinzulegen, abgehen und einmal einen Ablauf nach dem Schema Schlaf – Mahlzeit – kurzes Nickerchen – Wachzeit – Schlaf ausprobieren. Wird die Wachzeit, so wie eben erklärt, von Mutter und Kind wirklich genossen, ist der folgende Übergang vom Wachen zum Schlaf für das Baby viel leichter. Ebenso wird es abends seine Reise in die Nacht weniger widerwillig und »stolpernd« antreten.

Ähnliches wie für den Schlaf gilt für das Füttern. Das Kind hat mit seinen Bedürfnissen, die ja keine Launen sind, sondern beispielsweise von der notwendigen Zuckerversorgung seines Gehirns abhängen, häufig einen ganz anderen Rhythmus als den, der für die Erwachsenen in einer Familie praktisch ist. Zudem ändert sich dieser Rhythmus im Laufe der ersten Wochen. Diese Änderungen werden von den inneren Rhythmen bestimmt, die wiederum von der Art der Ernährung, von Wetterverhältnissen und vor allem der Reife des Kindes und seinen Entwicklungsschüben abhängen. Chronobiologische Rhythmen nennen das die Wissenschaftler, also biologische Vorgänge, die im Zusammenhang mit einem zeitlichen Ablauf stattfinden. Wir alle sind ihnen unterworfen, beim Kind müssen sie sich jedoch nach dem Übergang von den Umweltbedingungen des Mutterleibs zu jenen der Außenwelt erst einspielen. Das ist mühsam.

Und da wir ebendiese »Arbeit« des Kindes mit unseren rigiden Maßnahmen oder unserer Überbesorgtheit nicht immer fördern, sind Störungen dieses rhythmischen, zyklischen Geschehens in den ersten Lebenswochen an der Tagesordnung. Nur bei wenigen Kindern läuft der Übergang »wie geschmiert«, gleitend ab.

Vermeiden wir einfach jede Hektik vor dem Einschlafen und unterstützen wir das Kind, das Anzeichen von Ermüdung zeigt, mit kleinen Einschlafritualen wie leichtem Wiegen, Singen oder einem Schnuller. Lassen wir es unsere zärtliche Stimme hören und unsere Nähe spüren.

Mütter und Babys brauchen eine günstige Umwelt

Und vergessen wir nicht etwas ganz Banales: Mütter, die sich ständig um ein übererregtes Baby kümmern müssen, brauchen mal Pausen zum Verschnaufen. So können sie ihre Batterien wieder aufladen und leichter zurück zu ihren intuitiven Fähigkeiten finden. Väter und Großeltern, ältere Geschwister und auch Freundinnen können der Mutter helfen, indem sie ihr stundenweise oder auch mal einen ganzen Tag das Baby abnehmen.

Das Wichtigste ist, daß diese Mütter (Eltern) ihr Selbstvertrauen und das Vertrauen in ihr Kind wiederfinden. Damit sie sich, wie es für eine gute Übereinstimmung zwischen Mutter und Kind erforderlich ist, ganz auf das Baby einlassen können, benötigen sie ein Minimum an günstigen Umweltbedingungen, an Schutz und Unterstützung. Übrigens brauchen das nicht nur Mütter, um ihre Kompetenzen zu entfalten, sondern schlechthin alle Menschen. Ein Professor im Hörsaal kann keine komplexe mathematische Gleichung entwickeln, wenn er gleichzeitig eine Horde aufgebrachter Studenten beruhigen muß, die wegen unzumutbarer Studienbedingungen lautstark und chaotisch protestieren. Er kann seine Kompetenzen dann nicht mehr zur Geltung bringen. Vielleicht kann er weder die Studenten beruhigen noch die Aufgabe lösen, vielleicht flüchtet er einfach, selber hoch erregt, aus dem Hörsaal. Die biologisch verwurzelten »natürlichen« Kompetenzen von Eltern und Kindern sind relativ stabil. Sie vermochten sich über die Jahrtausende und allen Widrigkeiten zum Trotz auf der ganzen Welt erstaunlich gut und einheitlich zu erhalten.

Wir haben in diesem Kapitel aufgezeigt, wie stark Mutter und Kind gerade am Lebensanfang in Übereinstimmung handeln, wie sehr sie sich in ihrer Kommunikation, im Lehren und Lernen als Einheit regulieren. Sie können in dieser Einheit eine ganze Menge auffangen und sich immer wieder von neuem aufeinander einstellen. Aber diese Anpassungen und Selbstheilungen, die bei kleineren Störungen »funktionieren«, versagen, wenn die Belastung zu groß wird. Eine Familie kann ein »Schreibaby« nur dann gut verkraften, wenn nicht noch andere soziale oder emotionale Probleme sie belasten, wie Partnerschaftskonflikte oder vollkommenes Alleingelassensein der Mutter, finanzielle Sorgen, berufliche Anspannung oder geringe

Verständnisbereitschaft von seiten des nachbarlichen Umfelds. Die Störung des Kindes selbst mag schon die intuitiven Fähigkeiten einer Mutter erschüttern – alles zusammen vermag sie nicht zu bewältigen.

Noch einmal: Sie sollte in einer solchen Situation, und es gibt noch andere als das exzessive Schreien, nicht an ihren Kompetenzen als Mutter zweifeln. Sie hat sie ebensowenig verloren wie der Professor seine mathematische Kompetenz.

3

Wenn die Sinne erwachen

Wissenschaftler und Philosophen haben sich seit Jahrhunderten und Jahrzehnten gefragt, was und wie das Baby seine Umwelt wahrnimmt und erlebt. Wird das Kind als unbeschriebenes Blatt, als tabula rasa, geboren? Das glaubten viele noch bis in die Mitte dieses Jahrhunderts. Oder brachte es doch schon Sinnesfähigkeiten mit auf die Welt, und wie nutzte es diese? Der Schweizer Entwicklungspsychologe Jean Piaget fand, es gebe genug Gründe zu denken, das Kind nehme eine ganze Menge wahr, aber seine Sinne übermittelten ihm anfangs noch ein ziemliches Chaos. Erst wenn sie sich nach und nach verfeinerten, differenzierten und später immer besser integrierten – das heißt im Zusammenspiel funktionierten –, machten die Eindrücke des Kindes wirklich Sinn.[1]

Man hat herumspekuliert und alle möglichen Vermutungen und Theorien aufgestellt, von denen sich einige noch heute hartnäckig halten. Das ist gar nicht so verwunderlich, denn fragen können wir die Winzlinge ja nicht. Oder doch?

Einiges, was Wissenschaftler heute mit Babys, ja schon Neugeborenen an Beobachtungen und Tests vornehmen, ist so ausgeklügelt, daß man den Eindruck bekommt, die Babys hätten unsere Fragen ganz richtig verstanden und gäben uns in der Tat doch Antworten. Ganz überraschende oft.

Fragen an einen Fötus

Das beginnt schon im Mutterleib. Denn vor einigen Jahren begnügten sich die Forscher nicht mehr damit, das Neugeborene zu beobachten – sie gingen weiter zurück: Sie wollten wissen, hat vielleicht schon der Fötus gewisse Wahrnehmungen, und welches sind seine Kompetenzen? Fragen an einen Fötus zu stellen ist noch schwerer als an ein Baby. Ein beträchtlicher Aufwand ist dazu notwendig. Besuchen wir dazu einmal ein Forschungslabor des CNRS (Centre National de Recherche Scientifique) in Paris, wo die Wissenschaftler Jean-Pierre Lecanuet und Caroline Granier-Deferre seit 1982 untersuchen, was das Kind im Mutterleib hört und wie es auf Gehörtes reagiert. Dazu beobachten sie Veränderungen des Herzrhythmus und Bewegungen des Fötus als Reaktion auf Geräusche, Sprache oder Musik.

Eine junge Frau sitzt bequem in einem Lehnstuhl, die Füße hochgelegt. Sie zieht ihren Pullover hoch, über den bereits beträchtlich gewölbten Leib. Drinnen ist, etwa 34 Zentimeter »groß«, Baby Martin zugange. Die Mutter meint: »Ich glaube, er ist jetzt wach. Er schubst mit den Füßen.« Die Ultraschalluntersuchung ergibt, daß der Fötus nicht wach, aber in einem wachähnlichen Zustand ist, im sogenannten Aktivschlaf. Sophie, die werdende Mutter, setzt jetzt Kopfhörer auf, über die sie Musik zugespielt bekommt. So teilt sie nicht die Hörerlebnisse des Babys und beeinflußt nicht indirekt sein Verhalten.

Nun beginnt das Warten vor dem Ultraschallbildschirm, bis der kleine Knirps in das für die Wissenschaftler »brauchbare« Stadium gleitet: in den Tiefschlaf. Denn ein unverfälschtes Beobachtungsergebnis seiner Herzrhythmusreaktionen läßt sich nur erzielen, wenn seine Bewegungen zur Ruhe gekommen sind. Es gibt dagegen andere Untersuchungen, die sich den »Aktivschlaf« zunutze machen, wenn es darum geht, nicht nur die Pulsveränderungen, sondern eben gerade Bewegungen als Antwort auf Hörreize zu studieren.

Bis vor wenigen Jahren war die Frage noch heftig umstritten, ob der Fötus überhaupt hören kann. Heute zweifelt niemand mehr daran. Von der 26. Woche an reagiert das ungeborene Kind auf Geräusche von außerhalb. Sind sie sehr laut, so zeigte sich, vollführte sogar schon der 22 bis 24 Wochen alte Fötus Streckbewegungen mit den Beinen, den Armen, dem ganzen Rumpf. Damit wußte man aber immer noch nicht, welche Geräusche überhaupt an das Ohr des Fötus gelangten. Ein in den Mutterleib eingeführtes Mikrofon offenbart, daß da drinnen ein ziemlicher Lärm herrscht – Darmgeräusche vor allem und das kräftige Pulsieren des Herzens sowie der großen

Blutgefäße. (Ein solches Mikrofon läßt sich beispielsweise während des Geburtsvorgangs mit einem Wehendruckmesser kombinieren.) Andere Geräusche von draußen – Stimmen, Musik, Verkehrslärm – kommen dagegen eher gedämpft, jedoch relativ unverzerrt an. Es zeigte sich bei den Untersuchungen, daß der Fötus kaum oder gar nicht auf das ständige Gurgeln und Pulsieren im Mutterleib reagiert. Seine Aufmerksamkeit richtet sich eher auf die Geräusche von draußen.

Die Forscher in Paris hatten nun eine ganze Menge Fragen, auf die sie sich Antworten vom Fötus erhofften – aus seinen Reaktionen nämlich. Sie wollten herausfinden, bei welcher Lautstärke die ungeborenen Babys reagieren, ob Geräusche, Stimmen und Musik oder auch einfach bestimmte Töne unterschiedliche Wirkung hervorrufen, und schließlich, wie laut oder leise, tief oder hoch sie sein mußten, um Interesse zu erwecken.

Schon im Mutterleib kennen sie die Stimme der Mutter

Das Baby antwortet auf all das sozusagen im Schlaf. Normalerweise dauern seine Schlaf-Wach-Zyklen anderthalb Stunden – also so lange wie beim Erwachsenen ein Schlafzyklus. Der Schlaf allein beherrscht beim ungeborenen Kind noch 80 bis 90 Prozent seiner Zeit. Wissenschaftler beobachteten über einen Tag hinweg vier unterschiedliche Stadien bei einem Fötus: Den geringsten Zeitraum, nur 10 bis 20 Prozent, teilen sich demnach »aktives Wachsein« und »ruhiges Wachsein« auf. Der sogenannte »aktive Schlaf«, in dem der Fötus wie im aktiven Wachsein viele Bewegungen macht, nimmt mit etwa 50 Prozent den Hauptanteil des 24-Stunden-Tages ein. Der Rest der Zeit entfällt auf den »ruhigen Schlaf«.

In diesem Stadium ist nun nach fast 30 Minuten Wartezeit der kleine Martin angelangt: Er schläft ruhig. Sein Herz schlägt gleichmäßig. Über dem Bauch der Mutter wird ein Gerät angebracht, das ihren Leib direkt beschallt. Auf dem Bildschirm beobachten die Forscher, ob und wann der Fötus mit Bewegungen und einer Veränderung seines Herzrhythmus reagiert.

Bei den Untersuchungen, die alle nach dem gleichen Prinzip ablaufen – Beobachtungen des Fötus per Ultraschall auf dem Bildschirm, Aufzeichnung des Herzrhythmus, während von »draußen« Geräusche und Stimmen zugespielt werden –, kam nach und nach Erstaunliches zutage. Zunächst noch relativ banal: Der Fötus reagiert mit Bewegung und einem beschleunigten Herzrhythmus auf laute Außengeräusche von etwa 105 Dezibel. Man könnte meinen, er erschrecke sich. Anders ist seine Reaktion auf leisere rhythmische Geräusche und auch Stimmen mit einer Lautstärke von 85 bis 90 Dezibel. Sein Herzrhythmus wird dabei nicht schneller – im Gegenteil: Er verlangsamt sich, eine Reaktion, die auch Neugeborene zeigen. Es ist, als halte er inne, um im Zustand höchster Aufmerksamkeit zu lauschen. In der Tat hat eine gesteigerte Aufmerksamkeit auch beim größeren Kind und ebenso

beim Erwachsenen die gleiche Folge: Der Puls wird lang-
samer.

Im weiteren Verlauf zeigte sich dann, daß der Knirps
sogar schon einige Wochen vor der Geburt Stimmen unterscheiden kann, daß er die der Mutter am besten wahrnimmt und kennt, weil sie ihm sowohl von außen als auch
über das Körperinnere »zugespielt« wird. Daß das Baby
sie zudem allen anderen vorzieht, erwiesen Beobachtungen an Neugeborenen.

Der amerikanische Forscher Anthony J. DeCasper[2]
»befragte« die eben zur Welt Gekommenen auf besondere
Weise, mit einem ausgeklügelten Saugertest. Die Befra-
gung sah in der Regel etwa so aus: Vor ihm liegt, halb
aufrecht in einer Wippe, diesmal Baby Juliett, zwei Tage
und einige Stunden »alt«. Er spielt ihr von einem Tonband
drei kurze Geschichten vor, vorgelesen von drei verschiedenen Personen beziehungsweise Stimmen. Dabei ist das
Gerät mit einem Schalter in einem Schnuller verbunden,
den Juliett mit ihrem Saugrhythmus »betätigen« kann,
wenn sie eine Story besonders mag. Brav und ohne besondere Aufforderung tut sie, was man von ihr erwartet.
Das Ergebnis ist einleuchtend, wenn auch so überraschend, daß der Forscher den Versuch gleich mehrmals
wiederholt. Das Ergebnis ist stets das gleiche: Die kleine
Juliett bevorzugt immer die von ihrer Mutter vorgelesene Geschichte. Das mutet wie Science-fiction an und
ist doch Wirklichkeit. Dem Baby ist sowohl die Stimme
der Mutter als auch die von ihr vorgelesene Geschichte
vertraut – aus der Zeit im Mutterleib. Die Forscher hatten

ihre Mutter in den letzten Wochen der Schwangerschaft gebeten, diese Geschichte immer wieder laut zu lesen. Der gleiche Versuch klappte auch mit anderen Neugeborenen.

Sinnlose Wortfolgen interessieren sie nicht

Sie können sogar noch mehr. Seit einigen Jahren untersucht Josiane Bertoncini[3], ebenfalls eine Pariser Wissenschaftlerin, Neugeborene in den allerersten Tagen ihres Erdendaseins. Sie fand – wieder mit dem Saugertrick (dem »nichtnutritiven Sauger«) – heraus, daß sie mühelos nicht nur die Mutterstimme, sondern auch die Muttersprache aus anderen Sprachen herauskannten und mit eifrigem Nuckeln bevorzugten. Auf der anderen Seite ließen fremde Sprachen sie völlig kalt. Eine Ausnahme bildet die im vorigen Kapitel geschilderte Ammensprache, die wegen ihrer besonderen Melodik von allen Babys verstanden wird. DeCasper ergänzte diese Studie noch durch eine weitere Entdeckung: Ließ er die Mutter einen Text von hinten nach vorn lesen, in einer monotonen, sinnlosen Wortfolge also, reagierten die Kinder nicht. Dieser Un-Sinn war ihnen schnurzegal. Das bedeutet, daß die sinnvolle Wortfolge mit einer ihr entsprechenden Sprachmelodie wichtig ist. Woher, wenn nicht aus der Erfahrung bereits im Mutterleib, kann ein solches Baby diese Unterscheidungen und Vorlieben herholen?

Kein Zweifel: Es erwirbt seine ersten Kompetenzen bereits im Mutterleib. Und es kommt, auch wenn man es ihm auf den ersten Blick nicht ansieht, mit einer erstaunlichen Ausrüstung davon zur Welt. Nur Mütter mit ihren feinen Antennen erkennen sie. Sie haben ja bereits neun Monate mit ihrem Kind zusammengelebt. Wenn sie dann ihren Freunden sagen: »Guck mal, es versteht mich, es erkennt mich, es freut sich«, dann denken diese: Typisch Mutter, sie spinnt ein bißchen, sie verwechselt ihre Wünsche mit der Wirklichkeit, sie denkt, ihr Baby sei ein Wunderkind. Aber hat sie damit nicht recht? Im Lichte unseres bisherigen Wissens und all der weiterhin verbreiteten Vorurteile über das kleine »Schieterchen« (zu nichts anderem fähig, als in die Windeln zu machen und zu futtern) ist ihr Baby tatsächlich ein Wunderkind. Allerdings, wenn sie nicht die besondere Kompetenz hätte, das zu erkennen, würden sich diese von dem Baby mit zur Welt gebrachten Fähigkeiten nicht entfalten können. Das ist in der Tat das traurige Schicksal vieler von Anfang an vernachlässigten, einsamen Kinder.

Wie begründet die intuitive Überzeugung der Mutter von diesen Fähigkeiten ihres Babys ist, haben seit den oben geschilderten noch zahlreiche andere Experimente gezeigt.[4] Viele der so entdeckten Kompetenzen setzen etwas voraus, was wir wiederum beim Neugeborenen nicht erwartet hätten: eine Art »Wahrnehmungs-Verbund«, eine Zusammenarbeit aller Sinne, die Kinder schon im Mutterleib erworben, ja regelrecht erlernt haben müssen.

Das Neugeborene erlebt die Welt mit allen Sinnen

Wie könnte das eben zur Welt gekommene Baby erkennen, was »Mama« ist, wenn ihm nicht alle seine Sinne dabei gemeinsam – im Zusammenspiel – zu Hilfe kämen? Mit den Augen allein kann es die Mutter ja nur ziemlich schlecht sehen. Es vermag jedoch anhand einer Vielzahl von Informationen – wie sie sich bewegt, wie ihre Stimme klingt, wie sie riecht, wie sie atmet, wie sie ihr Kind anfaßt, wie ihre Haare das Gesicht umranden – herauszufinden, was ganz eindeutig seine Mutter ist. Das ist für seine weitere Entwicklung wichtig, denn seine soziale Umwelt besteht in den ersten Lebensstunden und -tagen vorwiegend aus »Mama«. Das Baby hat also mehrere Sinne wie Sehen, Hören, Fühlen, Bewegung empfinden (mit dem Gleichgewichtssinn) und Riechen eingesetzt. Und wichtiger noch, diese Wahrnehmungen haben zusammen einen Sinn ergeben. Wie läßt sich das vereinbaren mit der Annahme, das Neugeborene erlebe die Welt chaotisch?

In der wissenschaftlichen Vorstellung von der frühkindlichen Wahrnehmungsentwicklung findet seit kurzem eine Art Revolution statt. Sie wirft einige bisher gültige Theorien über den Haufen. So das bisher von den meisten Entwicklungspsychologen akzeptierte »Integrationsmodell« des Schweizers Jean Piaget, der sich vor allem für kognitive Entwicklungsprozesse interessierte. Piaget nahm an, das Baby sei anfangs, wenn es auf die Welt kommt, mit »separaten« Wahrnehmungen ausgestattet. Es sehe, höre, fühle, rieche zwar, füge diese Sinneserfahrungen jedoch nicht zu einem Ganzen zusammen und erlebe darum die Welt als Chaos. Erst wenn die Einzelwahrnehmungen dann in immer neu geübte, ausprobierte und überprüfte Handlungsschemata einflössen, beginne es nach und nach, seine sensorischen Erfahrungen zu »integrieren«, das heißt ganzheitlicher, Sinn machend, zu erleben.

Inzwischen liegt ein ganz neues, auf den letzten Forschungsergebnissen basierendes Wahrnehmungsmodell vor. Vertreten wird es vor allem von dem jetzt in Genf tätigen amerikanischen Kinderarzt und Entwicklungsspezialisten Daniel Stern sowie seinem Kollegen David Lewkowicz (New York State Institute for Basic Research in Developmental Disabilities – Department of Infant Development), der reihenweise Neugeborene und ihre Wahrnehmungsfähigkeiten untersucht. Beide Forscher zeigen anhand ihrer Beobachtungen und Laboruntersuchungen, daß Neugeborene bereits ein *globales*, alle Sinne einschließendes Wahrnehmungserlebnis haben – gewiß auf einem anderen Niveau als größere Kinder oder Erwachsene, aber sie haben es. Die weitere Entwicklung verläuft so, daß Differenzierungs- und Integrationsprozesse miteinander einhergehen, also nicht, wie bisher angenommen, aufeinanderfolgen. Übersetzen wir das in eine allgemeinverständliche Sprache: Es heißt, das Baby *verfeinert* und *entwickelt* die einzelnen Sinneswahrnehmungen in ein und demselben Zug, indem es sie immer besser *zusammenfügt*. Differenzieren und integrieren heißt das in der Fachsprache. Diese beiden Prozesse laufen also nicht getrennt voneinander ab. Die Entwicklung verläuft so, daß sich beide Qualitäten – die Verfeinerung der Einzelwahrnehmungen und ihr Zusammenspiel – in einer Art Gleichzeitigkeit immer höher schrauben, bis sie schließlich das Niveau des Erwachsenen erreichen.

Babys lernen und erleben ganz anders als größere Kinder

Die Beobachtungen der neugeborenen und wenige Wochen alten Babys bei den Wahrnehmungstests und -untersuchungen ergaben allerdings, daß alles noch viel komplexer ist, als man vermutet hatte. Um das zu verstehen, müssen wir unsere Vorstellungskraft noch ein wenig mehr strapazieren: Die Entwicklung, die wie in einer Spirale aufwärts strebt, verläuft nämlich nicht gleichförmig. Es gibt da abwechselnd in unterschiedlichen Bereichen scheinbare Stillstände, dann wieder Sprünge, ein Hin-und-her-Pendeln zwischen einzelnen Erfahrungen. Anders ausgedrückt: Das Kind bevorzugt in den verschiedenen Entwicklungsphasen nach der Geburt mal diese Wahrnehmungen, mal jene Sinneserlebnisse, und ebenso wechselt es auch von Zeit zu Zeit ab in der »Modalität«, in der diese Erlebnisse stattfinden. »Modalitäten« sind sozusagen die Transportmittel für Sinnesreize.

Erklären wir das näher. Wenn wir etwas wahrnehmen,

also mit unseren Sinnen erfassen, ist dieses »Etwas« ja noch mehr als lediglich eine Farbe, ein Laut, ein Druck, ein Streicheln, ein Duft. Farbe, Laut, Druck, Duft werden jedesmal von etwas transportiert, sind in etwas anderem enthalten, mit dem sie zu uns gelangen, an unser Ohr, Auge oder auf die Haut und in die Nase. Diese »Transportmittel« sind Bewegung, Zeit, Raum, Intensität. Daran haben wir bisher gar nicht gedacht, wenn wir von Sinneswahrnehmungen sprachen. Es ist doch ganz einleuchtend, ja selbstverständlich, daß jedes Licht, jede Farbe, jeder Laut, jeder Geruch uns in unterschiedlicher Intensität, also Stärke, in verschiedenen Zeitlängen oder Intervallen, in bestimmten Räumen erreicht. Manchmal sind alle diese Modalitäten auf einmal im Spiel.

Es zeigte sich nun, daß Babys, je nach ihrer Entwicklungsphase, bestimmte solcher »Erlebnisse« besonders mögen. Sie reagieren dann auf diese aufmerksamer, während sie andere ignorieren beziehungsweise mehr oder weniger ablehnen. Das ist so wie mit dem Kleinkind, das wir verwundert dabei beobachten, wie es immer wieder ein Klötzchen in ein bestimmtes Loch steckt oder das stets von neuem ein Spielzeug auf den Boden wirft und es dann wiederhaben will, nur um es gleich noch einmal auf den Boden hinunterzuwerfen. Am nächsten Tag oder in der nächsten Woche ist es dann etwas anderes, das es besonders »mag«. So bringt es das Baby fertig, ganz unterschiedliche Fähigkeiten und Kombinationen von Fähigkeiten unermüdlich zu üben, bis es in ihnen eine »Qualität« erreicht, die notwendig ist, um weiter darauf aufzubauen. Nur, was uns dabei verwirrt: Es baut nicht immer da auf, wo wir es erwarten. Es beginnt plötzlich etwas ganz anderes zu bevorzugen. So stellt die Entwicklung als immanentes System, als dem Baby eingepflanztes »Programm« (in Wahrheit ist es viel mehr!), sicher, daß alle Bereiche in immer neuer Kombination drankommen – und zwar unendlich vielfältiger, als wir es uns vorstellen können. Denn wir sind oft zu sehr besessen von unserem Erziehungswahn und Ehrgeiz mit dem Kind.

Zurück zu den Neugeborenen und Babys, die David Lewkowicz beobachtet: Es zeigte sich zum Beispiel, daß am Lebensanfang die Modalität *Intensität* eine besondere Rolle spielt. Später scheint sie merkwürdigerweise weniger bedeutsam. So neigt das Baby dazu, sich in seiner Aufmerksamkeit bei einem *Mittelmaß* an Intensität einzupendeln. Ist beispielsweise ein Hörstimulus sehr stark, zu stark, geht es in seiner Aufmerksamkeit lieber zu einem schwächeren, gleichzeitig dargebotenen Reiz über – zu einem visuellen etwa. Das gleiche gilt auch umgekehrt.

Diese Beobachtungen können uns wichtige Hinweise für unseren Umgang mit einem wenige Tage oder Wochen alten Baby geben. Es ist, als brauche es zwar ein Mindestmaß, um »bei der Stange gehalten zu bleiben«, um mit seiner Aufmerksamkeit nicht abzuspringen, als würde es jedoch andererseits von einem zu intensiven Angebot entweder überfordert oder gelangweilt. Das muß uns zu denken geben. Denn vielfach wird versucht, Babys zu fördern, indem man gezielt einzelne Reizangebote macht. Damit stören wir die Entwicklung möglicherweise mehr, als wir sie voranbringen. Die Babys können ja nicht sagen: Halt! Wir haben genug!

Auch in der Folgezeit zeigen die Kinder noch Vorlieben für bestimmte Modalitäten. Durchweg reagieren sie alle stärker auf bewegt dargebotene Reize – zuerst auf ein voll zugewandtes Gesicht, später auf über ihrem Bettchen hängende Spielzeuge, ein Mobile zum Beispiel. Statische Reize interessieren sie weniger. Es gibt in der Entwicklung Phasen, in denen Hörreize, die mit dem Faktor Zeit zusammen besonders gut »erlebbar« sind, bevorzugt werden. Dann wieder mag ein Baby eine Weile ein Wahrnehmungsangebot lieber, das den Erlebnisfaktor Raum plastischer darstellt: nämlich etwas, was es sehen kann.

Noch einmal: Diese Privilegierungen, diese Vorlieben springen, wie Lewkowicz nachweist, im Laufe der Monate in der eben beschriebenen Weise hin und her[5]. Darum denken wir manchmal, das Kind mache auf bestimmten Gebieten Fort-, auf anderen Rückschritte. Wir kennen das von der motorischen Entwicklung. Es gilt überhaupt für die gesamte Entwicklung und entspricht, offenbar sehr fein abgestimmt, ihren jeweiligen Erfordernissen. Diese völlig zu durchschauen, seien wir jedoch aufgrund der heutigen Forschung noch nicht in der Lage, meint der amerikanische Wissenschaftler.

Eins ist aber sicher: Der ganze Prozeß findet in einem sensiblen Gleichgewicht statt, das vom Baby ständig neu »austariert« werden muß – in zweierlei Hinsicht: Einmal muß das Baby seine eigene innere Balance, seine »Homöostase«, wahren und zweitens zugleich im Zusammenspiel

mit seiner Umwelt seinen Gleichgewichtssinn weiterentwickeln. Er spielt bei allen Aufmerksamkeit fordernden
Aufgaben eine besondere Rolle.

Auf das innere und äußere Gleichgewicht kommt es an

Gehen wir noch einmal zu Baby Julietts erstaunlicher Per-
formance mit dem Schnuller zurück. Sie erkannte nicht
nur die Stimme der Mutter wieder, sie mußte obendrein
noch das Hörerlebnis mit einem bestimmten Saugrhythmus verbinden. Dazu war es notwendig, daß sie die Be-
rührungsreize des Schnullers in ihrem Mund verarbeitete
und aktiv in einen bestimmten Takt brachte. Nun war es
dabei nicht gleichgültig und zufällig, daß der Forscher Juliett in eine fast aufrechte Haltung in der Wippe gebracht
hatte. Er machte sich die Wirkung des Gleichgewichts-
sinns zunutze. Die Entwicklungsneurologin Inge Flehmig
hatte schon vor Jahren beobachtet, daß wenige Stunden
und Tage alte Babys mit erstaunlich aufmerksamer Mimik
und Verhaltensweisen überraschen, die Laien erst bei älteren Kindern erwarten: nämlich dann, wenn Eltern sie
aufrecht halten und dabei fest und sicher im Gesäß und
Nacken abstützen.[6] Die aufrechte Haltung, erklärt die
Ärztin, eine Wahrnehmungsspezialistin, stimuliert den
Gleichgewichtssinn, der wiederum Säuglingen zu einer
optimalen Aufmerksamkeit und Leistungen wie bei Baby
Juliett verhilft.

Das Gleichgewicht spielt im Leben des Menschen eine besondere Rolle. Nach der Geburt geben Fortschritte beim Kampf ums Gleichgewicht dem Kind im ersten Lebensmonat wichtige Entwicklungsimpulse. Sein ganzes erstes Lebensjahr »kämpft« das Kind in der Tat mit der Schwerkraft, ja gegen sie. Viele seiner Bemühungen gelten dem Aufrichten. Das Kind lernt, den Kopf zu heben, zu halten, im Raum einzustellen, über Sitzen und Krabbeln kommt es auf die Beine, wobei es immer wieder unwiderstehlich von der Erde angezogen wird – und hinfällt. Darum ist es auch für ein etwa zehn Monate altes Baby ein so einschneidendes Erlebnis, sich zum Stehen aufzurichten.

Sobald es erst einmal sitzen kann, bekommt es die Hände frei, um Spielzeug zu greifen und zu untersuchen. Und das Krabbeln sowie später das Laufen erweitern seinen Horizont und damit die Reichweite seiner Fortschritte entscheidend. Das Kind, das plötzlich frei laufen kann, deutet mit seiner Mimik an, wie stolz es ist, diesen Kampf gewonnen zu haben. Freihändig laufen ist ein Sieg über die Schwerkraft.

Betrachten wir jedoch auch die andere Seite des Gleichgewichts: Jedes Lebewesen strebt ständig nach einer inneren Balance, die sein Wohlbefinden, ja sein Überleben ermöglicht. Diese Tendenz zum Ausgleich, zur aktiven Herstellung möglichst konstanter optimaler Bedingungen bezeichnen Wissenschaftler als Homöostase. Damit ist nicht nur gemeint, daß der Hormonhaushalt richtig gesteuert wird oder daß Nährstoffe gleichmäßig fließen. Auch der

Geist und die Psyche müssen sich ständig selber regulieren, um in Balance zu bleiben. Heute wissen wir, daß all dies nicht einzeln geschieht, sondern im Zusammenhang, es ist eine ganzheitliche Regulation.

»Ich muß mein inneres Gleichgewicht wiederfinden«, sagen wir in besonders schwierigen Lebenssituationen. Für ein Kind, daß sich noch entwickeln muß, sind äußere wie innere Balance von noch größerer Bedeutung. Sie erst ermöglichen die optimale Entfaltung sämtlicher Sinne und letztlich die menschlichste aller Fähigkeiten: nämlich sich selber und die Welt bewußt zu erfahren, zu lernen und sogar sich in ein soziales Umfeld hineinzufinden. Wir müssen für all dies erst einmal »im Gleichgewicht sein«.

Denken wir an zwei Kinder, die auf einer Wippe sitzen und auf und ab federn. Schon um nicht herunterzufallen, müssen sie außer ihrem Gleichgewichtssinn fast alle anderen Wahrnehmungen gemeinsam einsetzen: Ihre Eigenwahrnehmung, in der Fachsprache Propriozeption genannt, meldet ihnen, wie stark die Muskeln angespannt und die Gelenke gebeugt sind; ihr Tastsinn erspürt das Holz unter ihrem Gesäß und den Boden unter ihren Füßen; ihr Gesichtssinn erfaßt präzise, wie sich ihre Position im Raum ständig verändert; und schließlich registriert ihr Gehör das geräuschvolle Auf und Ab der Wippe und liefert somit zusätzlich Information über den Schaukelrhythmus.

Die Symphonie der Sinne

Halten wir kurz inne. Wird hier nicht noch einmal verständlich, was uns vorher vielleicht ein bißchen abstrakt, befremdend erschien: nämlich, daß das Baby immer wieder unterschiedlichen »Modalitäten« bei den einzelnen Wahrnehmungen den Vorzug gibt? Sehen im Zusammenhang mit Bewegung im Raum: Jetzt, auf der Wippe, braucht das größere Kind diese Erfahrung. Hören im Rhythmus – in der Zeit also: Hier zum Beispiel kann es darauf zurückgreifen. Fühlen, ob man unten am Boden heftig aufschlägt oder leicht nach oben schwebt – in stärkerer oder schwächerer Intensität: Hier hilft es dem Kind, den Ablauf zu steuern.

Die Symphonie der Sinne ermöglicht es den beiden Kindern auch, das Spiel fortzusetzen: Im Takt des Wippens regulieren sie wiederum mit Augen, Muskeln, Gefühl und Gleichgewicht mühelos ihre Haltung beziehungsweise Bewegung auf dem Brettende. Sie verlängern oder verkürzen sinnvoll und ohne nachzudenken den Abstand zur Mitte und stoßen sich im richtigen Moment mit den Beinen kräftiger oder schwächer ab. Und beide haben ihren Spaß dabei, lassen ihr Spiel weder zu langweilig noch zu wild werden – sie pendeln sich wie das Baby bei einem Intensitätsmittelmaß ein.

Kinder regulieren also ihr äußeres und ihr inneres Gleichgewicht durch ein erstaunliches Wechselspiel der Sinne, das die Wissenschaftler Integration nennen. Und während sie all das eben Beschriebene beispielsweise mit und auf der Wippe tun, verfeinern sie zudem ihre Sinne. Das Zusammenspiel geht, wie wir vorher an der neuen Wahrnehmungstheorie etwas abstrakter erklärt haben, einher mit der Verfeinerung, in der Fachsprache der »Differenzierung« der Wahrnehmung. Wirklich abgeschlossen wird dieser Entwicklungsprozeß niemals. Auch als Erwachsene erreichen wir nur unterschiedliche Stufen der Perfektion: Ein Tänzer, der bei einem Sprung in die Luft einige Meter über dem Erdboden zu schweben scheint, überwindet die Schwerkraft anders als wir; er verfügt sicher über eine bessere Integration der Sinne als jemand, der schon ins Stolpern gerät, wenn er nur auf der Bordsteinkante balanciert.

Der Weg zur integrierten Wahrnehmung beginnt offensichtlich nicht erst bei der Geburt, denn schon das Neugeborene erkundet, wie mehrfach geschildert, seine Umwelt mit allen Sinnen gleichzeitig. Mit Ausnahme des Sehens, das sich erst nach der Geburt, im Licht der Welt, voll entfaltet, funktionieren ja sämtliche Wahrnehmungssysteme bereits lange vorher.

Forscher, die verstehen wollen, wie diese erstaunlichen Leistungen zustande kommen, untersuchen nicht nur das Werden der einzelnen Sinnesorgane, sondern auch das Wachstum und die sich entfaltenden Funktionen ganzer »Wahrnehmungssysteme«. Zu einem System gehören außer dem Organ, dem Ohr zum Beispiel oder dem Auge, noch die angeschlossenen Nervenbahnen zum und die entsprechenden Regionen im Gehirn. Dieses verarbeitet, vergleicht und bewertet die Informationen in vielfältiger, heute noch immer wenig verstandener Weise, vermittelt sie weiter – auch von einem System zum anderen – und setzt, wenn nötig oder erwünscht, Handlungen in Gang: Das Baby beobachtet ein Mobile über seinem Bettchen. Alle seine Sinne sind beteiligt. Sie bewirken zusammen mit seinem Wunsch, seiner »Lust«, daß es handelt. Es greift danach. Immer wieder. Immer besser. Es schafft, daß es sich bewegt. In bestimmter Weise bewegt. Daß es Geräusche macht ...

Schon Neugeborene haben einen Willen

Hier kommt bereits eine Fähigkeit ins Spiel, die wir noch nicht erwähnt haben, die jedoch für die Zukunft des Kindes eine ungeheure Rolle spielt: der Wille. Vielleicht empfindet das wenige Tage und Wochen alte Kind es tatsächlich mehr als Lust zu etwas, als einen unwiderstehlichen Antrieb, die Hand, den Arm so oder so zu bewegen – so wie ein junges Kätzchen fast nicht anders kann, als auf ein rollendes Papierkügelchen zuzuspringen.

Jedenfalls ist es mehr als ein Reflex, wenn das Baby mit »Absicht« nach einem Spielzeug greift, das über seinem Körper baumelt. Seine Bewegungen sehen für einen oberflächlichen Beobachter oft zufällig aus. Sie sind es aber ebensowenig wie viele der ersten hervorgebrachten Laute. Daniel Stern meint: »Willensempfindung muß schon zu einem frühen Zeitpunkt der Neugeborenenphase auftreten.«[7] Die Tests mit Baby Juliett haben uns das schon in eindrucksvoller Weise vermittelt. Handeln mit Willen und Absicht erlaubt es bereits einem so kleinen Kind, sich als Urheber des eigenen Verhaltens zu empfinden. Wäre dies nicht so, erklärt Stern, müßte es sich seinen eigenen Handlungen gegenüber wie eine Marionette fühlen. Wer weiß, vielleicht gibt es einen Ansatz zu dieser frühen Kompetenz schon im Mutterleib, wenn der Fötus gelegentlich die Hand in den Mund steckt. Anfangs geschieht das mit Sicherheit zufällig, später jedoch nicht mehr. Einige Kinder kommen schon mit einem »Saugpolster« auf den Lippen zur Welt.

Schrittmacher für das Zusammenspiel der Sinne schon beim Ungeborenen, später aber auch beim Baby, scheint eben das Gleichgewichtssystem zu sein, auch Vestibulärsystem genannt. Es besteht aus dem Labyrinth, dem Gleichgewichtsorgan im Innenohr, und speziellen Regionen im Gehirn: Neben dem unmittelbar über dem Hirnstamm sitzenden Kleinhirn, das für die Feinsteuerung der Körperbewegung und -haltung und damit für die »Eleganz« der Bewegungen sorgt, sind dies vor allem die »vestibulären Kerne«, besondere Nervenformationen an der Grenze zwischen Hirn und Rückenmark.

Das Vestibulärsystem ist einer der ersten Sinne, vielleicht überhaupt der erste, der sich schon in der siebten Woche nach der Zeugung entwickelt. Während der achten, neunten und zehnten Woche bilden sich zwischen den Nervenzellen die synaptischen Kontakte heraus. Das sind die Stellen, an denen sich die Nervenzellen untereinander

mit Nachrichten versorgen. Auf diese Weise können sich
Nervenbahnen etablieren. Etwas früher als die Bahnen
der anderen Wahrnehmungssysteme, um die 21. Woche,
stabilisieren sie sich. Diesen Vorgang nennt man Myeleni-
sierung.

Ein Sinn fördert die Entwicklung
des anderen

Balance, die Einstellung der Lage im Raum, scheint also
am Lebensbeginn eine besondere Bedeutung zu haben.
Der Gleichgewichtssinn wird, wie jede sich im Nervensystem herausbildende Struktur, sofort benutzt. Dies ist eine
relativ neue Erkenntnis. Früher hatte man angenommen,
daß Systeme (das gilt für Wahrnehmungen und Bewegungen) erst dann zu »arbeiten« beginnen, wenn eine
gewisse Reife erreicht ist, zum Beispiel eben durch Mye-
lenisierung (das heißt Verfestigung der Nervenbahn durch
einen Eiweißstoff). Heute wissen wir, daß Funktion, also
das Aufnehmen der »Arbeit«, immer schon von Anfang
an da ist (das Herz pulsiert bereits am 21. Tag der Entwicklung – obwohl es zu diesem Zeitpunkt nur aus zwei
mikroskopisch winzigen Blutgefäßen besteht!). Darüber
hinaus müssen wir verstehen, daß solche ersten einfachen Funktionen die weitere Entwicklung dieses Systems
und sogar die der anderen Systeme fördern. In dieser
Selbststabilisierung erkennen Wissenschaftler inzwischen
ein Grundprinzip menschlichen Wachstums. Zugleich

begünstigt der Gleichgewichtssinn schon im primitiven Stadium Wachstum und Verknüpfung der Nervennetze aller anderen Wahrnehmungssysteme.

Als nächster – oder beinahe gleichzeitig – wird der Tastsinn angeregt. Was gibt es im Mutterleib zu ertasten? Das ungeborene Kind, von der neunten Woche an Fötus (oder Fetus) genannt, schwimmt anfangs ziemlich frei in der Fruchtblase umher, kann also seine Lage ungehindert verändern. Dabei stößt es immer wieder gegen die Wände der Fruchtblase und berührt mit seinen Händen gelegentlich auch den eigenen Mund. Diese Berührungen – die »taktilen Reize« – kann es etwa so früh wahrnehmen wie die Meldungen des Gleichgewichtssystems über seine Lageveränderungen im Mutterleib. Alle Sinnesreize, die das sich entwickelnde Kind empfängt, setzen sich durch das ganze Nervensystem fort. Darum sind das Gleichgewichts- und das taktile System buchstäblich an der Ausgestaltung des Gehirns beteiligt, sie regen das Neuronenwachstum an und tragen zur funktionellen Organisation bei. Die Berührungsimpulse seien sogar absolut notwendig, meint Jean Ayres, eine amerikanische Spezialistin für Wahrnehmungsentwicklung, denn »ohne ausreichende taktile Stimulierung des Körpers tendiert das Nervensystem dazu, aus dem Gleichgewicht zu kommen«.[8]

Schon vom vierten Schwangerschaftsmonat an vermag der Fötus diese Balance in einem gewissen Maße selber zu regulieren. Auch später strebt der Organismus immer wieder nach Homöostase, versucht also Ordnung herzu-

stellen, wenn Unordnung droht. Denken wir an ein zweijähriges Kind, das sich gerade vor etwas erschreckt und
nun Angst hat. Schnell läuft es zur Mutter, schmiegt sich
an sie und holt sich, wie wir sagen, ein paar Streichelein-
heiten. Die kompetente Mutter wird sie ihm reichlich geben. So beruhigt sich sein Nervensystem, die Ordnung,
das Gleichgewicht wird wieder hergestellt.

Es gibt Störungen des Gleichgewichts, die von innen
kommen, zum Beispiel, wenn der Stoffwechsel entgleist.
Dann sucht der Körper Reserven heranzuziehen, um
einen Mangel auszugleichen. Von außen dagegen mag
eine Störung in Form übermäßig lauter Geräusche auf das
Kind einstürmen. Dann wendet es, wie wir es beschrieben haben, seine Aufmerksamkeit ab und einem anderen
»Reiz« zu – sein Interesse wird zum Beispiel von etwas,
was es sieht, in Anspruch genommen. Gleichgewicht im
weiteren Sinne wird hergestellt.

Doch die Fähigkeit zur Selbstregulation hat Grenzen:
Was über ein bestimmtes Maß hinausgeht, kann weder
das ungeborene noch das geborene Kind bewältigen. Wir
haben das bei den Schreibabys gesehen. Gleiches gilt
auch, wenn die Sinneskanäle zu früh oder zu einseitig in
Anspruch genommen werden – beides stört das innere
Gleichgewicht.

Verstehen wir jetzt, warum Babys und Kleinkinder ganz
andere Voraussetzungen zum »Lernen« brauchen als größere Kinder? Darum ist eine »ganz normale« Familie, sind
all die alltäglichen Geschehnisse mit ihren so vielfältigen
Anregungen, Anforderungen und ihrem günstigen sozial-

affektiven »Klima« die beste Schule für ein Kind am Lebensanfang. Und Eltern verhalten sich in Anpassung an diese Erfordernisse um so kompetenter, je weniger sie von Ehrgeiz getrieben sind.

Wir sollten den Fötus nicht stören

Entwicklungsforscher warnen vor Schulen für »bessere Babys« und »pränatalen Universitäten« für den Fötus, wie es sie etwa in Kalifornien gibt. Hier beschallen übereifrige Schwangere ihre Leibesfrucht täglich mehrere Stunden lang per Lautsprecher auf dem Bauch mit Geräusch- und sogar Sprachprogrammen: Glockengebimmel, Straßenlärm, Kinderchöre, Stimmen weiser Männer. Nichts wird dem Fötus erspart. In Frankreich hat man ihm sogar Englischkurse angeboten. All das ist mehr als überflüssiger Unsinn. Die werdenden Mütter riskieren, daß ihre Kinder später nicht etwa intelligenter und leistungsfähiger sind als andere Babys, sondern nervös, ängstlich und unaufmerksam. Sie haben früh gelernt abzuschalten, um sich zu schützen. Vielleicht gehört solcher Nachwuchs später auch zu den überaktiven, zappeligen Kindern.

Der französische Forscher Lecanuet vom Nationalen Forschungsinstitut in Paris[9] weist zudem darauf hin, daß vom Fötus wie vom Baby und Kleinkind Wahrnehmungen völlig anders umgesetzt werden als in späteren Jahren. In der frühen Entwicklungszeit werden »Stimulationen nicht notwendigerweise in dem Sinnessystem ›kodiert‹, das sie aufnimmt. So kann ein Hörreiz als Berührungsreiz empfunden und in Bewegung übersetzt werden. In der Frühzeit der Entwicklung werden Querverbindungen im Großhirn noch viel mehr benutzt als beim Erwachsenen«. Die Sinne funktionieren noch in einer Art »Synästhesie«, in einem »crosstalk«, so daß Informationen, die von einem System aufgenommen werden, von einem anderen verarbeitet werden können. Wir kennen dieses Phänomen von Kleinkindern, die ungestört weiterspielen, wenn das Licht ausgeht. Sie »sehen« mit den Händen, indem sie fühlen, und umgekehrt.

Besonders schlimm für den Fötus, meint Lecanuet, sei, daß er sich als Opfer manch elterlichen Übereifers noch nicht einmal wehren, nicht mit Schreien sein Mißbehagen ausdrücken könne, geschweige denn sagen: »Halt, es ist genug!«

Auch der New Yorker Forscher David Lewkowicz warnt vor falsch verstandener Frühförderung, also auch vor forciertem Lese- und Rechentraining: »Wir können gar nicht absehen, was wir da eigentlich machen.«[10] Eltern und Kindergartenpädagogen täten am besten daran, das Gleichgewicht der ersten Lebensjahre zu respektieren.

Alle diese ganz neuen Erkenntnisse über das Gehirn des Fötus, des Neugeborenen und des Babys bis in die Kleinkindzeit müssen uns veranlassen, wirklich umzudenken: Ein Baby oder Kleinkind fördern, ihm lernen helfen, ist etwas *prinzipiell anderes*, als dies mit einem älteren Kind zu tun.

Wir sollten also nicht versuchen, bestimmte Wahrnehmungen besonders und einseitig zu stimulieren – das Kind also nicht ständig nur schaukeln oder schuckelnd herumtragen, nicht jeweils immer nur seine Hör- oder Seh-»Antennen« mit Anregungen versorgen, nicht permanent seine Haut bearbeiten. Wir können es nicht oft genug wiederholen: *Das Kind braucht keine einzelnen Stimulationen.* Es sei denn, ein Entwicklungsneurologe erachtet dies für notwendig zur Behandlung eines besonderen Problems. Vergessen wir nicht, jede gezielte Einzelstimulation ist Überstimulation und erzeugt in den anderen Sinnessystemen und ihrem Zusammenspiel einen Mangel, eine Störung.

»Am Anfang«, sagt Lewkowicz, »kommunizieren die Sinne ständig in einem fein abgestimmten System. Wir sollten die Balance nicht stören.«[11]

4

Das Wunder der frühen Bindung

Wir haben bis hierher eine ganze Reihe der ersten Fähigkeiten kennengelernt, die das Kind »einfach so« mitzubringen scheint. Sind sie angeboren, schon im Mutterleib
beziehungsweise unmittelbar nach der Geburt erworben
oder müssen wir sie als natürliches Überlebens- und Le-
bensprogramm verstehen? Das spielt kaum eine Rolle.

Rufen wir uns noch einmal einige davon ins Gedächtnis:
die Fähigkeit, sofort nach der Geburt Blickkontakt herzustellen; die Mutter dazu zu bewegen, daß sie ihrem Baby
ihr Gesicht voll zuwendet; die Fähigkeit, sie mit Weinen
oder auch differenzierten Lauten in der Nähe zu halten;
die Fähigkeit, mit solchen Lauten zusammen mit Blick,
Mimik und Körpersprache einen Dialog in Gang zu bringen; die Fähigkeit, auf die Handlungen der Mutter, ihre
Fürsorge, ihren Zuspruch, ihre Zärtlichkeiten »richtig« zu
reagieren, die Mutter zu belohnen; die Fähigkeit, bei alle-
dem das Zusammenspiel der Sinne zu nutzen; die Fähigkeit, die Stimme der Mutter, ja ihre Sprache, zu verstehen;
die Fähigkeit, auf bestimmte Reize angemessen zu reagie-

ren und schnell zu lernen; die Fähigkeit, fast von Anfang an ein wunderbarer Spielpartner zu sein.

Alle diese Kompetenzen sind, wie wir gezeigt haben, von spezieller Bedeutung für die Entwicklung. Sie bekommen jedoch noch einen besonderen Wert für eine Fähigkeit, in die sie alle einfließen: die Kompetenz zur Bindung an Menschen. Das heißt einerseits die Fähigkeit, sich selber zu binden, andererseits jedoch und noch erstaunlicher die Fähigkeit, andere zur Bindung zu bewegen, Bindung zu initiieren und aufrechtzuerhalten.

Bindung, um zu leben

Der Sinn in all den Verhaltensweisen, die dazugehören, dient ursprünglich in erster Linie dem Überleben, und das bedeutete in früheren Zeiten anders und mehr als heute, dem Schutz vor Gefahren – vor Raubtieren zum Beispiel. Schutz wird dadurch gewährt, daß die gegenseitige Nähe aufrechterhalten wird. Ein Baby kann sich ja nicht selber schützen. In gewisser Weise gilt das heute in unserer hochtechnisierten Umwelt wieder aufs neue. Die Unfallgefahren im Haushalt und auf der Straße sind für ein Kleinkind unermeßlich. Sich selber überlassen, hätte es ebensowenig wie das Steinzeitkind eine Chance zu überleben.

Außerdem ist das Menschenkind, das extrem unreif zur Welt kommt, nicht nur biologisch von einer Person abhängig, die sich wirklich verantwortlich fühlt, die ihm Nahrung und Wärme gibt. Es braucht auch unbedingt, um seine Hirnreifung zu vervollständigen und seine spezifisch menschlichen Eigenschaften und Fähigkeiten entfalten zu können – allen voran die Sprache – noch den »sozialen Mutterleib« Familie mit all den Qualitäten, die wir in den Abschnitten über intuitives Verhalten und die Entfaltung der Wahrnehmung erwähnt haben.

Was ist Bindung? Liebe, antworten wir vielleicht spontan. Sich füreinander verantwortlich fühlen. Oder auch ganz schlicht, die Nähe eines Menschen brauchen. Sich in ihr geborgen, sicher fühlen. Glück, Freude miteinander empfinden, fürsorglich miteinander umgehen. Eine solche Bindung haben wir nur zu wenigen Menschen.

So ist es auch beim Baby. Nur hängt bei ihm, anders als beim Erwachsenen, viel mehr als Wohlbefinden und Glück davon ab. Für das Baby, das noch hilflos ist, steht ganz einfach das Leben auf dem Spiel. Darum sind auch die Verhaltensweisen, die Bindung erzeugen und erhalten, mit solcher Unfehlbarkeit im Kind angelegt – und zwar schon, wenn es auf die Welt kommt. Deshalb sind einige dieser Verhaltensweisen, wie Weinen und Sichanklammern, so heftig, so unabweisbar. Wir können einfach nicht anders: Wir müssen darauf reagieren, weil wir es sonst nicht aushalten würden.

Wie wichtig Bindung für das Baby und Kleinkind ist, wird am augenfälligsten, wenn wir beobachten, was mit Kindern geschieht oder aus Kindern wird, die keine oder eine unzulängliche Bindung haben. Psychologen haben in den letzten Jahrzehnten immer wieder untersucht, in welcher Weise sich die Beziehung zwischen Mutter, Vater oder einer anderen Bezugsperson und Kind auswirkt. Muß Bindung eine bestimmte Qualität haben, und welche wäre das?

Die sichere und die unsichere Bindung

Sehen wir uns das einmal bei Kleinkindern an. Da hat dieses Besondere, was wir Bindung nennen, ja schon Zeit gehabt zu wirken.

Spätnachmittag in einer Kinderkrippe. Laura, Michael und Jan, alle drei zwischen 18 Monaten und zwei Jahre alt, werden abgeholt. Michael läßt die Bauklötzchen fallen, als er die Stimme seiner Mutter hört, stolpert ihr entgegen und schmiegt sich an sie. Laura scheint es weniger eilig zu haben. Sie wendet kurz den Kopf zur Tür, steht auf, entschließt sich dann aber, zwischen Spielzeug und Mutter hin- und hergerissen, scheinbar für den Holzkäfer auf Rädern. Jan hat offenbar gar nicht gemerkt, daß seine Mutter gekommen ist, obwohl sie ihn ruft. Er dreht sogar den Kopf von ihr weg und hämmert gedankenverloren auf einem Hölzchen herum.

»Er ist schon so selbständig«, erklärt seine Mutter zufrieden. Die beiden anderen nicken anerkennend.

Drei Kinder mit ihren Müttern (es könnten ebensogut auch Väter sein). Und jedes zeigt beim Auftauchen der Eltern eine andere Reaktion. Sie drücken damit weit mehr aus, als wir beim oberflächlichen Hinsehen erkennen: nämlich einmal, nach welchen Zielen Eltern ihre Kinder erziehen, und auch, wie sich die Kinder in ihrer Beziehung zur Mutter fühlen – mehr oder weniger vertrauensvoll. Solches Verhalten nennen Psychologen Bindungsverhalten.

Es ist nichts Zufälliges, Momentanes, obwohl es uns häufig so erscheint. In vergleichbaren Situationen nach kürzeren und längeren Trennungen würden sich Michael, Laura und Jan wieder ähnlich verhalten. Eine längere Beobachtung der Kinder mit den anderen Krippengefährten würde zudem weitere Unterschiede zutage fördern – in ihrer Art zu spielen, mitzumachen, mehr oder weniger neugierig und offen zu sein, ebenso in ihrer Weise, wie sie Konflikte bewältigen und wie sie reagieren, wenn sich ein anderes Kind weh getan hat. Es würde im Laufe der Zeit immer deutlicher werden, daß Michael in Wahrheit der Selbständigere und Kooperativere der drei ist, daß Laura im Spiel mit den anderen häufig zwischen Unsicherheit und Aggressivität schwankt und daß Jan sich weder gut auf sein Spiel konzentrieren noch auf seine Gefährten eingehen kann.

Was liegt dem unterschiedlichen Verhalten der Kinder zugrunde? Dieser Frage wollten die Psychologen Karin und Klaus Grossmann von der Universität Regensburg, die sich seit Jahren mit Bindungsforschung beschäftigen, nachgehen. Sie versuchten darum gemeinsam mit Anthropologen im Kulturvergleich die Antwort zu finden. Dazu reisten sie für einige Monate auf die Trobriandinseln im Nordosten Neuguineas, wo Dorfgemeinschaften noch unter fast urmenschlichen Bedingungen leben. Wenn es für bestimmte Verhaltensweisen zwischen Eltern und Kindern so etwas wie ein von der Natur vorgesehenes »Programm« gibt, dann mußte es sich dort, noch unverfälscht von den Einflüssen unserer westlichen Kulturen, besonders gut beobachten lassen.

Was die Wissenschaftler sahen und erlebten, führte sie immer wieder auf die allererste Bindung zwischen dem Baby und seiner Bezugsperson zurück. Warum war diese Beziehung so folgenreich? Warum hing viel mehr von ihr ab als das seelische und körperliche Wohlbefinden des Kindes?

Es zeigte sich, daß es sich tatsächlich um ein wirkliches Basisverhalten des Menschen handelt, das nicht nur in allen Kulturen ganz ähnlich, ja fast identisch, sondern eben auch von der Natur offenbar als Grundausstattung in uns angelegt ist und so etwas wie den Nährboden für die meisten weiteren Kompetenzen bildet. Das heißt, dieses Basisverhalten ist biologisch in uns verankert. Es braucht jedoch trotzdem einen bestimmten Rahmen, um sich »gut« entfalten zu können.

Das Kind drückt seine Bindung in ganz bestimmten Verhaltensweisen aus: Anklammern, Weinen, Rufen, Nachfolgen und Protest beim Verlassenwerden. Sie entwickeln sich im Laufe des ersten Lebensjahres unabhängig davon, wie die Bezugsperson mit dem Kind umgeht, und zwar auf der ganzen Welt und in allen Kulturen.

Es läßt uns an das Phänomen der Prägung bei bestimmten Tierarten denken, das Konrad Lorenz eindrucksvoll beschrieben hat. Junge Vögel reagieren oft auf ein einziges auditives (Hör-) oder visuelles (Seh-)Signal, das nach dem Schlüpfen zu ihnen dringt. Lorenz demonstrierte, wie junge Graugänse, die nach dem Schlüpfen aus dem Ei normalerweise zuerst ihre Mutter erblicken und damit auf sie geprägt werden, seinen Stiefel zum Prägungsobjekt erkoren, wenn dieser das erste war, was sie von der Welt sahen. Sie folgten dann diesem Stiefel wie sonst ihrer Gänsemama, indem sie, ihrem Bindungsprogramm gemäß, hinter ihm her wackelten. Ob der Schuh nun eine gute oder weniger gute Mutter abgab, spielte dabei keine Rolle.

Bei Menschen sind die Voraussetzungen für Bindung ein wenig komplexer, aber: Jedes Kind bindet sich an eine Person (maximal drei, so ergaben die Beobachtungen der Forscher), die es versorgt, egal, ob sie eine »gute« oder eine »schlechte« Mutter (Bezugsperson) ist. Jedoch hat von da an die Qualität dieser Bindung – zum Beispiel, wie zuverlässig und wie feinfühlig sie von seiten des Erwachsenen ist – eine weichenstellende Bedeutung für die weitere Entwicklung des Kindes. Nicht nur, wie man annehmen könnte, für seine Gefühlsentwicklung, sondern ebenso für seine Fähigkeit, die Welt zu erkunden und damit später selbständig und unabhängig zu werden.

Ein »inneres Arbeitsmodell« ist die Basis unserer Kompetenzen

Der englische Entwicklungspsychologe John Bowlby prägte für das, was da im Kind entsteht, den Begriff »inneres Arbeitsmodell«. Dieses Modell – man könnte auch sagen, »Erwartungskonzept« der Erwartungen an uns selber und andere vor allem in schwierigen Situationen – entwickelt sich im Rahmen dieser frühen Bindung mit all den zahllosen Erfahrungen des Babys und Kleinkinds im Umgang, im engen, körpernahen Kontakt mit seinen Eltern. Wir bauen ein Leben lang unser Erleben und unser Handeln darauf auf. Unser »inneres Arbeitsmodell« ist also die Basis unserer Kompetenz. Es bietet uns die Grundlage dafür, wie wir uns selber und andere beurteilen, wie wir uns erleben (zum Beispiel als liebenswert), wie wir mit Menschen, Situationen und sogar Konflikten umgehen (vertrauensvoll oder mißtrauisch). Es ist aber auch »verantwortlich« dafür, wie wir arbeiten und lernen.

Dabei kommt es am meisten darauf an, so zeigten die Untersuchungen der Psychologen Karin und Klaus Grossmann, auf die wir gleich zurückkommen werden, als wie sicher die frühe Bindung vom Kind erlebt wird. Sie beobachteten die Familien auf den Trobriandinseln, wie sie im alltäglichen Leben miteinander umgingen. Es erwies sich, daß in diesen dörflichen Gemeinschaften fast alle Wünsche der Kleinsten nach Geborgenheit und Geselligkeit erfüllt werden.

Sie krabbeln und laufen nackt herum, zwischen Müttern, Vätern, Geschwistern, Großeltern. Alle gehen dabei ihren gewohnten Tätigkeiten nach. Jedoch ist für Kinder immer eine helfende Hand da, die sie auf die Hüfte hebt; immer ein Arm, der sich schützend und tröstend um sie schlingt; immer ein Körper, an den sie sich schmiegen können; und immer finden sie die Nahrung und Zärtlichkeit spendende Brust der Mutter. Niemals weint hier ein Kind länger als einen kurzen Augenblick, ohne daß sich ein Erwachsener des Kleinen annimmt.

Würden wir nicht erwarten, daß dabei kleine, quengelige, verzogene Tyrannen herauskommen? Keineswegs. Die Untersuchungen der Psychologen und Anthropologen zeigen, daß diese Kinder nicht nur freundlich und hilfsbereit, sondern auch besonders früh autonom sind.

Das ist bei uns oft ganz anders, obwohl wir so bestrebt sind, sie ganz bewußt früh zur Selbständigkeit zu erziehen. Die Humanethologin (Verhaltensforscherin) Margret Schleidt resümiert in einem Bericht über die Mutter-Kind-Beziehung bei den Trobriandern: »Bei uns werden Babys und Kleinkinder manchmal zu streng behandelt, hingegen wird bei den älteren zuviel toleriert. Man traut sich nicht, die notwendige Autorität zu zeigen.«[1] Dem stehen – eigentlich unverständlich – wiederum in unseren Kulturen eine besondere Ängstlichkeit und Überbesorgtheit im Umgang mit Babys und Kleinkindern gegenüber, auch da, wo keineswegs echte Gefahren wie zum Beispiel unserer technisierten Welt im Spiel sind. In Stammeskulturen wie denen der Trobriander dagegen wird Kleinkindern viel mehr zugetraut, zugemutet und erlaubt. Sie werden nicht von allem ferngehalten. Da immer erfahrene, ältere Menschen in der Nähe sind, ist das auch gar nicht nötig. So leben die Kinder ihre Neugier und ihren Forschungsdrang viel mehr aus. Zudem lockern sie so auch von sich aus die Bindung an die Mutter. Paradoxerweise gelinge diese Lockerung leichter, schreibt Margret Schleidt, wenn die Bindung sehr eng und sicher sei. »Das sieht man im individuellen Fall, also bei einzelnen Kindern, wie auch im Vergleich zwischen Kulturen.«[2]

Eins haben wir trotz aller Unterschiede mit den Bewohnern dieser fernen Inseln gemeinsam: Es ist unser »Basisprogramm« für die Bindung des Babys und Kleinkinds an seine Mutter. Jedoch zeigt sich in unserer Welt deutlich, daß ein bestimmter Rahmen dieses Programms nicht gesprengt werden darf (wir haben bereits bei den »Schreibabys« darauf hingewiesen). Unsere Bindungsfähigkeit läßt sich nicht beliebig strapazieren. Sonst werden wesentliche Entwicklungsvorgänge bis weit in die Kindheit hinein gestört oder verhindert: Ein Baby braucht ein Mindestmaß an zärtlicher Nähe und Aufmerksamkeit und eine Mutter ein soziales Minimalumfeld, damit sie diese Bedürfnisse und ihre eigenen dazugehörigen befriedigen kann.

Eine gute Bindung hat nichts mit Verwöhnen zu tun

Nehmen wir als Beispiel das sogenannte Erkundungsverhalten – anders ausgedrückt: die Lust und Bereitschaft des Kindes, sich von der Mutter weg- und Menschen, Gegenständen sowie Situationen zuzuwenden und sie zu erforschen.

Karin und Klaus Grossmann zeigten anhand ihrer Beobachtungen, daß Bindungs- und Erkundungsverhalten in unauflöslichem Zusammenhang stehen[3]: Geht es einem Kind schlecht, ist es hungrig, müde, geängstigt oder krank, so entfaltet es die oben beschriebenen Bindungs-verhaltensweisen. Es hat dann keinerlei Interesse, irgend etwas zu erkunden. Geht es ihm dagegen gut, sind seine Bindungsbedürfnisse, zum Beispiel durch die Nähe einer jederzeit erreichbaren, körperlich spürbaren Mutter (Bezugsperson) oder eines älteren Geschwisterkinds, voll befriedigt, so will es erkunden, seine Umwelt erforschen, ist es neugierig auf alles. Die beiden Verhaltensweisen funktionieren wie eine Wippe: senkt die eine Seite sich nach unten – wenn es dem Kind schlechtgeht, es nicht neugierig ist –, bewegt sich die andere nach oben – fordert es die Nähe und Zärtlichkeit der Mutter – und umgekehrt.

Die Lehre aus diesen Beobachtungen für uns ist zweierlei: Erstens, optimale Bindungsbedingungen haben nichts mit Verwöhnen zu tun. Und zweitens, je mehr und früher wir Kinder in die Unabhängigkeit drängen, desto unsicherer sind sie und desto länger bleiben sie unselbständig. Je zuverlässiger dagegen ihre frühen Bindungsbedürfnisse erfüllt werden, desto schneller werden sie autonom.

Um zu erfahren, wie sich die Qualität der frühen Bindung in unserer westlichen Kultur auswirkt und um sie überhaupt erst einmal »objektiv« nachweisen zu können, haben Karin und Klaus Grossmann Gruppen von Babys und Kleinkindern auf ihr Bindungsverhalten hin untersucht. Es ging darum herauszufinden, ob sich so etwas wie »optimale Bindungsbedingungen«, also vor allem Sicherheit, Geborgenheit, oder andererseits Unsicherheit der frühen Eltern-Kind-Beziehung dingfest machen ließen. Sie benutzten dazu ein »Untersuchungsinstrument«, das die Amerikanerin Mary Ainsworth für eine besondere Untersuchungssituation geschaffen hatte, eine Art Test. Sie hatte das Ganze als »strange situation« – Fremdensituation – bezeichnet, »fremd«, weil das Kind dabei in einem ihm unbekannten Raum mit einer fremden Person zusammengebracht und alleingelassen wird.

Diese standardisierte Beobachtungssituation ist eine doppelte Sequenz von Trennung und Wiederfinden. Mary Ainsworth ging davon aus, daß Bindungsverhalten immer dann ausgelöst wird, wenn das Kind das Gefühl hat, in Gefahr zu sein. Die Trennung von der Mutter oder einer wichtigen Bezugsperson in einer ungewohnten Umgebung signalisiert ihm Gefahr. Während der Beobachtung der Kleinkinder kristallisieren sich zwei Gruppen ganz klar heraus: einmal die Kinder, die nach ihrem Verhalten als »sicher gebunden« charakterisiert werden können, und diejenigen, die sich »unsicher« verhalten.

Kinder, die als sicher in ihrer Bindung eingeordnet werden (wir könnten auch sagen: die Vertrauen in die Bindung haben), suchen nach der Rückkehr der Mutter sofort engen Körperkontakt, sie schmiegen sich an sie, die Mutter nimmt sie in den Arm. Danach wenden sie sich wieder zufrieden ihrem Spiel zu. Die Unsicheren dagegen spielen bei der Rückkehr der Mutter ungerührt weiter, nehmen keine Notiz von ihr und meiden den Blickkontakt. Manche scheinen in einem inneren Zwiespalt die Mutter gleichzeitig meiden und sich ihr nähern zu wollen.

Diese Beobachtungen sind durch weitere wissenschaftliche Untersuchungen erhärtet worden, bei denen in der Fremdensituation gleichzeitig der Hormonspiegel des Streßhormons Kortison im Speichel oder die Herzfrequenz registriert wurden. So ließen sich die Ergebnisse noch einmal objektivieren. Es konnte keinen Irrtum geben: Die unsicheren Kinder waren nicht etwa, wie man denken könnte und wie es die eingangs geschilderten Mütter in der Krippe glaubten, einfach besonders unabhängig. Im Gegenteil, ihr Hormonspiegel und die Herzfrequenz ließen in der Trennungssituation auf Streß schließen.

Denn, so erklärt Karin Grossmann, sich sicher in der Bindung zu den Eltern fühlen, ist auch ein Zeichen dafür, daß das Kind sich – vor allem in schwierigen Situationen – auf sie verlassen kann. Die Mutter oder der Vater werden nicht nur »wohlwollend« und spontan auf es eingehen, ihm zuhören, es trösten. Sie sind darin auch *vorhersehbar*. Einem Menschen, von dem es dies Verhalten erwarten darf, kann es sich vertrauensvoll zuwenden. Das Kleinkind schmiegt sich darum nach einer Trennung zärtlich an. Ein Kind dagegen, das diese Vorhersehbarkeit bei der Mutter nicht erwarten darf, versucht vielleicht eher, in schwierigen Situationen allein fertig zu werden. Dabei fühlt es sich jedoch weniger sicher in der Beziehung zur Mutter, es empfindet bei und nach einer Trennung mehr Streß. Man sieht es ihm nicht an, aber es läßt sich, wie eben beschrieben, nachweisen.

Die Kinder spiegeln in ihrem Verhalten weitgehend die Erwartungen und Ziele ihrer Eltern wider, die wiederum von ihrer eigenen früheren Erziehung mitgeprägt sind.

Früh erfahrene Sicherheit wirkt weit in die Zukunft des Kindes

Die Bindungsqualität hat also bei uns ähnlich wie bei den Trobriandkindern ihre Folge. Und neben all dem, was uns an diesen Untersuchungen beunruhigen kann, zeigt sich doch ebenfalls sehr positiv, daß auch in unserer Zivilisation, in der ständiger Körperkontakt und Nähe der Mutter nicht üblich und auch nicht in diesem Maße möglich sind, trotzdem eine sichere Bindung zustande kommt. Unsere Eltern und Babys sind also grundsätzlich ebenso kompetent wie die Bewohner dieser paradiesischen Inseln. Und sie sind es sogar unter den eher bindungsfeindlichen Bedingungen unserer westlichen Kultur.

Daß sich die Qualität der frühen Bindung weit ins Leben eines Menschen hinein auswirkt, ergab sich aus der Fortführung der eben beschriebenen Untersuchungen mit denselben Kindern in verschiedenen Altern. Das Erstaunliche: Die in der Bindung schon im ersten Jahr erworbenen Kompetenzen bleiben erhalten und entwickeln sich weiter. Die Kinder der einen Regensburger Testgruppe wurden nach der ersten Beobachtung im Alter von zwölf beziehungsweise achtzehn Monaten später mit viereinhalb Jahren erneut untersucht. Im Kindergarten gehörten die in der ersten Studie als »sicher gebunden« Eingeordneten zu den friedlichen, kooperativen Kindern, die gern mit anderen spielten und beliebt waren; sie waren neugierig und unternehmungslustig; wenn sie wütend auf ein anderes Kind waren, gingen sie offen drauflos; nie griffen sie andere heimtückisch von hinten an oder zerstörten das Spielzeug beziehungsweise die aufgebauten Spiele der anderen. Als Zehnjährige wurden sie wiederum beobachtet. Das gleiche Verhaltensmuster setzte sich fort. Dieselben Kinder hatten zahlreiche Freunde, standen nie abseits des Klassenverbands, verstanden es, Konflikte ohne Gewalt zu bewältigen, sich durchzusetzen und in Spielen fair zu sein. Das Lernen schien ihnen Spaß zu machen; sie hatten sich die Neugier und Unternehmungslust der frühen Jahre bewahrt.

Das ist es also, was John Bowlby als »inneres Arbeitsmodell«, als Basis all unserer späteren – und ganz besonders unserer sozialen – Erwartungen und Kompetenzen bezeichnete. Die anfangs gelungene Bindung zwischen Kind und Bezugsperson bildet sozusagen ein Grundmuster, das sich immer weiter entwickelt und verzweigt. Bisher hatte uns die Psychologie schon vermittelt, daß eine positive Bindungserfahrung am Lebensanfang einen Menschen in der Folgezeit befähigt, neue, dauerhafte und verläßliche Bindungen einzugehen, zum Beispiel eine Freundschafts- oder Liebesbeziehung oder Ehe. Seit den Regensburger Untersuchungen und ähnlichen internationalen Längsschnittstudien wissen wir, daß sogar die Lernfähigkeit und unser Verhalten in einer Gruppe, ja letztlich unsere Kompetenzen innerhalb einer demokratischen Gesellschaft stark davon beeinflußt werden.

Die Fähigkeit, die Kompetenz, all dies entstehen und gelingen zu lassen, haben Eltern von Natur aus, ohne daß sie hierfür einen Lehrgang absolvieren oder über eine besondere Bildung verfügen müßten. Dazu gehört aber, wie wir gezeigt haben, als »Partner in der Kompetenz« das Kind, ja schon das Neugeborene. Wenn wir jetzt in die Wiege schauen, sind wir vielleicht – und mit Recht – noch ein bißchen stolzer auf unser kleines Wunderkind.

Was wird aus der Bindung in schwierigen Situationen?

Wir könnten ganz beruhigt sein: Fast jede Mutter hat also die Fähigkeit, Bindungsbedürfnisse ihres Kindes zu erfüllen.

Viele Eltern leben jedoch in schwierigen Situationen. Sie fragen sich vielleicht besorgt, ob sie ihrem Kind genug Geborgenheit und Sicherheit geben. Daß dies trotzdem möglich ist, wollen wir an einigen Beispielen veranschaulichen.

Berufstätige Eltern

Wichtiger als die Zeit, die wir mit einem Kind verbringen, sind die Gefühle, die wir ihm vermitteln. Eltern können den Zeitmangel durch besondere Aufmerksamkeit ausgleichen. Sie können sich in den ihnen verbleibenden, gemeinsamen Stunden intensiver und vielleicht sogar mit größerem Vergnügen, als sie es sonst tun würden, auf ihr Kind einlassen. Sie werden versuchen, es besser zu sehen, zu hören, zu spüren – kurz: mit allen Sinnen wahrzunehmen. Damit werden sie offener für seine Signale. Feinfühlig können wir nur sein, wenn wir unsere Antennen nutzen. Das bedeutet nicht, daß Mütter oder Väter aus latenten Schuldgefühlen in Überfürsorglichkeit und hektische Bemühtheit verfallen sollten. Dagegen können sie daran denken, auf die Kommunikationsversuche eines Kindes, Blicke, Gesten und später auch die wirklichen Fragen, immer zu antworten. Das ist weniger zeitraubend und ermüdend, als stundenlang ein quengelig-unsicheres und unzufriedenes Kind zunächst abzuwimmeln und dann zu trösten. Eltern und Kind lernen aus den gegenseitigen Reaktionen aufeinander. So können sie einander vertrauen lernen. Sie erfahren: Der andere verhält sich in einer abschätzbaren, vorhersehbaren Weise. Darauf kann ich mich verlassen. Und sie sind bei einer solcherart gelungenen Kommunikation einander ein Spiegel, der ihnen zeigt, wer sie sind und wie der andere sie erlebt – mit Liebe, Achtung und Mitgefühl.

Eine zuverlässige Bindung braucht zwar ein Minimum an Zeit, das vom Wesen der Mutter und des Kindes abhängt, sie ist aber nicht nur oder vor allem von den miteinander verbrachten Stunden abhängig.

Gelegentlich finden auch Mütter in Zeitnot erstaunliche Lösungen. Eine Ärztin erzählte mir, daß sie bei ihrem ersten Kind noch stark von ihrer Berufstätigkeit in Anspruch genommen war. Sie mußte ihren Sohn, wie damals noch üblich, schon acht Wochen nach der Geburt tagsüber für ganze zwölf Stunden einer Tagesmutter überlassen. Da sie sich abends sehr auf ihr Kind freute und gern Zeit mit ihm verbringen wollte, spielte es sich nach und nach ein, daß das Kind so lange wach blieb wie die Eltern. Es holte den nachts versäumten Schlaf in einem über vier Stunden ausgedehnten Nachmittagsschlummer nach. Diese Mutter freute sich, wenn sie ihr Baby Mäxchen abends ausgeschlafen entgegennahm und es nun voll ins Familienleben einbeziehen konnte. Sie hatte nicht wie manche Eltern das vordringliche Bedürfnis, in Ruhe gelassen zu werden. Sie fühlte sich so motiviert, daß es für sie Entspannung und Vergnügen war, den Kleinen um sich zu haben. Die Beziehung, die Bindung zwischen Eltern und Kind konnte sich ungestört entfalten. Der inzwischen zu einem »Großen« herangewachsene Kleine beweist dies: Es scheint ihm als Achtzehnjährigem weder an Selbstvertrauen noch an Vertrauen in andere zu fehlen, sein Umgang mit den Eltern läßt auf eine absolut »sichere Bindung« schließen.

Das Kind muß in eine Krippe oder zur Tagesmutter

Hier kommt es nicht nur auf die gegenseitige Sympathie zu den neuen Bezugspersonen an, es geht auch darum, den Übergang langsam und behutsam zu gestalten. Das Kind soll Vertrauen zu seiner neuen Umgebung gewinnen und vor allem das Vertrauen in seine Eltern nicht verlieren. Es darf sich nicht abgeschoben, wie ein Paket abgegeben fühlen. Verlangen Sie nicht zu früh zuviel Selbständigkeit. Beantworten Sie die obengenannten »Bindungssignale« positiv. Tauschen Sie Ihre Erfahrungen mit den neuen Bezugspersonen aus. So können Sie die Entwicklung Ihres Kindes besser verfolgen. Seien Sie nicht eifersüchtig auf die »fremden« Betreuer. Sie selber bleiben, wie wir eben gezeigt haben, für Ihr Kind die wichtigste »Bindungsperson«. Die Krippe oder der Aufenthalt bei der Tagesmutter und Ihr familiäres Zuhause sind für das Kind zwei ganz verschiedene Welten. Es vermag sich gut darin zurechtzufinden und sie zu unterscheiden. Zeigen Sie ihm vor allem, wie sicher es auf Sie zählen kann. Dabei sind für das Kind Regelmäßigkeit und Vorhersehbarkeit wichtig.

Eltern in Trennungssituationen

Da die Trennung der Eltern mit all den vorausgehenden und sie begleitenden Spannungen von einem Kind nicht nur als belastend, sondern oft als bedrohlich erlebt wird, ist es jetzt noch mehr als sonst darauf angewiesen, daß Vater und Mutter es immer wieder und besonders überzeugend spüren lassen: Du kannst dich weiter auf uns verlassen, wir haben dich lieb, wir sind für dich da und werden es immer sein. Hab keine Angst, unser Streit hat nichts mit dir zu tun. Die Liebe deiner Eltern zu dir kann nichts ins Wanken bringen. Wenn es irgend möglich ist, sollten sie dem Kind auch vermitteln, daß sie weiter Freunde füreinander bleiben, daß die Liebe für ihr Kind sie weiter verbindet.

All dies sollten sie nicht nur sagen. Das Kind muß wirklich spüren, daß es ihnen ernst damit ist.

Kinder fürchten oft, die Ursache für den Zwist der Eltern zu sein, sie haben darum Schuldgefühle. Für manche bricht auch erst einmal die Welt zusammen, und sie glauben, daß die Eltern nun auch sie verlassen, im Stich lassen.

Keiner der Eltern sollte versuchen, das Kind auf seine Seite zu ziehen – auch wenn die Versuchung oft noch so groß ist. Dem Kind wird damit ernsthafter Schaden zugefügt. Dies scheint selbstverständlich zu sein, wird jedoch stets mißachtet.

Eltern und Babys in einer hochtechnisierten, unnatürlichen Umwelt

Wir haben bei den »Schreibabys« bereits darauf hingewiesen, daß allein die alltägliche moderne Umwelt – die Großstadt vor allem mit ihrem Lärm und Streß, mit der familiären Zerrissenheit, den weiten Arbeits- und Heimwegen, der Anonymität und vielem mehr – kein günstiger Boden für die Entwicklung einer optimalen oder ausreichenden Bindung am Lebensanfang ist. Häufig werden Babys von Erwachsenen als Störenfriede betrachtet. Eltern, besonders die Mütter, sind stärker damit konfrontiert. Sie verinnerlichen, das heißt übernehmen manchmal diese Haltung. Gelegentlich führt es dazu, daß sie denken, mit ihrem Baby sei etwas nicht in Ordnung. Es ist wichtig, daß sie verstehen und beobachten lernen, daß ihr

Kind ihnen mit einem schwierigen Verhalten oft einfach etwas mitteilt: und zwar über das, was bei ihnen, den Erwachsenen, nicht in Ordnung ist. Manchmal genügt es, die Störfaktoren im eigenen Leben herauszufinden, etwas natürlicher zu gestalten, was zu »künstlich« gelebt wird – beispielsweise Schlaf- und Arbeitsrhythmen der Eltern, den Geräuschpegel zu senken. Mit anderen Worten: Auch wenn es auf Anhieb nicht leicht erscheint, lassen sich oft gewisse Lebensgewohnheiten anders gestalten. Kinderärzte und -therapeuten haben beobachtet, daß viele Probleme der Kinder dann sofort verschwinden und sich zwischen Eltern und Baby die Beziehung entspannter entwickelt. Die Basis für eine ausreichend sichere Bindung wird günstiger.

5

Was ein Baby im ersten Lebensjahr alles »kann«: seine Entwicklung auf einen Blick

Wir wollen Eltern hier in der Übersicht noch einmal an einige Beispiele für die natürlichen Fähigkeiten eines Babys erinnern. Bei einigen ist es auf die ebenfalls von der Natur vorgesehenen Kompetenzen seiner Eltern angewiesen, bei anderen nicht. »Erziehung« ist bei keiner notwendig.

Auch wenn hier einige ungefähre Zeitangaben gemacht werden, geht es uns nicht darum, zu zeigen, *wann* ein Kind *schon was* kann. Damit beschäftigen sich Eltern ohnehin viel zuviel, und es versperrt ihnen den Zugang zur eigenen Intuition. In der Entwicklung gibt es eine weite Bandbreite für jede neue Fähigkeit. Wir wissen das vom Laufenlernen. Manche »können« es schon mit elf, andere mit fünfzehn Monaten. So ist es mit allem. Und niemals haben wir daran gedacht, daß dieses »Kann« durchaus verschiedene Bedeutungen hat. Manches »kann« das Baby schon erstaunlich früh. Aber dann geschieht es wie zufällig, kurz, unter bestimmten günstigen Bedingungen. Meistens wird das dann von einem normalen Beobachter gar nicht bemerkt. Wir haben das am Beispiel der Neugeborenen gezeigt, die in

einer aufrechten, sicher abgestützten Haltung zu ganz erstaunlichen Mimiken, zu unerwarteter Aufmerksamkeit
und sogar Nachahmung fähig sind. Heißt das nun wirklich,
daß »sie es können«? Es ist schwer, darauf eine Antwort
zu finden.

Worauf es in der Entwicklung immer wieder ankommt,
ist die Qualität einer Fähigkeit. Bevor beispielsweise ein
Entwicklungsvorgang auf einem anderen aufbauen kann,
muß dieser bereits ziemlich gut integriert, das heißt in das
Gesamtverhalten einbezogen sein. Das nennen wir Qualität. Bevor das Kind laufen lernt, muß es bereits seinen
Fuß platt auf den Boden aufsetzen können. Dies muß wie
selbstverständlich – nicht nur einmal zufällig – geschehen.
Die Eltern können es nicht beschleunigen, ebensowenig
wie das Gehenlernen. Sie können dagegen mit Ermunte-
rung und Freude bei Erfolg, allein mit ihrem Blick das Baby
anspornen, in seinen Versuchen nicht zu ermüden, es nicht
aufzugeben. In diesem Fall besteht ihre Kompetenz allein
darin. Das »Machen« übernimmt das Baby ganz allein.
Es fällt in seine Kompetenz. Es erreicht sie um so besser
und ungestörter, je weniger wir uns selber mit »Machen«
einmischen. Die Hand hinhalten, um Halt zu bieten, wenn
das Kind danach greift und uns sein Blick dazu auffordert –
das ist eine Sache. Sie ist notwendig. Wir zeigen damit: Wir
haben dich verstanden, unser Kleiner; natürlich helfen wir
dir, wenn du es verlangst und uns brauchst. So wird das
Kind weiter ermutigt, auf uns zuzukommen, wenn es uns
benötigt. Etwas anderes, das wir möglichst unterlassen
sollten, ist, aus Ehrgeiz zuviel einzugreifen.

Vielleicht ist es ganz gut, daß wir viele der schon ganz früh gezeigten Fähigkeiten des Babys gar nicht so bewußt wahrnehmen. So stören wir es nicht mit unserem Ehrgeiz, und es hat Zeit, alles bis zur notwendigen Qualität zu entwickeln. Eltern sind nun einmal ehrgeizig. Auch das ist notwendig. Nur eben: Zu viel zu früh ist schädlich. Die Natur scheint wirklich an alles »gedacht« zu haben. Sie hat es nämlich so eingerichtet, daß wir *unbewußt* alles doch wahrnehmen und auch unbewußt darauf reagieren, so wie es die Papoušeks in ihren zuvor geschilderten Mikroanalysen immer wieder demonstriert haben.

In diesem Sinne sollten die folgenden Beispiele einiger Kompetenzen des Babys im Zusammenspiel mit denen seiner Eltern verstanden werden. Es sind wirklich nur Beispiele. Eine komplette Liste würde allein einen Band füllen, außerdem werden Eltern immer wieder feststellen, daß ihr Kind etwas ganz Besonderes vollbringt. Diese Beobachtung ist wiederum keine Illusion. Es stimmt wirklich, daß Babys schon von Anfang an ganz und gar unterschiedlich sind.

Darum weisen die hier aufgeführten Kompetenzen und die dafür angegebenen ungefähren Zeiten eher auf Entwicklungs-»Tendenzen« hin als auf normgerechte »Schritte« oder gar »Stufen«.[1]

Bevor es zur Welt kommt, entwickeln sich die Sinne des Babys bereits zu einer erstaunlichen Reife, die diejenige jedes neugeborenen Tiers übertrifft.

- Nur das **Sehen** bleibt im Mutterleib relativ »unter-
  entwickelt« auf Wahrnehmung von hell und dunkel
  beschränkt. Nach der Geburt holt es jedoch vom ersten
  Moment an in rasanter Geschwindigkeit auf und ist mit
  seiner Koordinationsfähigkeit, das heißt der Fähigkeit,
  »stereo« zu sehen, bis zum Ende des zweiten Lebensjahrs voll entwickelt. Mit dem ersten Blick gibt das
  Baby der Mutter ein Signal, das zahlreiche Körperfunktionen aktiv werden läßt: Hormone werden stimuliert,
  damit die Mutter stillen kann. Die Bindung zwischen
  ihr und dem Kind wird geknüpft. Das menschliche Gesicht, zuerst noch unscharf wahrgenommen, erweckt
  schon beim wenige Minuten alten Neugeborenen die
  stärkste Aufmerksamkeit unter allen Sehreizen. Sogar bei dargebotenen Schablonen ziehen die Babys die
  menschlichen Formen abstrakten Strichmustern vor.
  Am liebsten mögen sie das Gesicht der Mutter, wenn es
  ihnen voll zugewandt ist, sich leicht bewegt, und wenn
  sie dazu in ihrem besonderen Sprachsingsang zu ihnen
  spricht.
- **Hören** können Babys schon von den letzten Schwan-
  gerschaftswochen an. Sie erkennen sofort nach der Geburt die Stimme der Mutter.
- **Fühlen** mit dem Tastsinn können Babys schon im Mutterleib von den ersten Wochen ihrer Entwicklung an.
  Zuerst wird die Mundpartie empfindlich. Nach der Geburt fühlen sie mit dem ganzen Körper.
- **Riechen** und **Schmecken** lernen Babys vor der Geburt
  im Fruchtwasser. Neugeborene können ihre Mutter am

Geruch wiedererkennen. Sie schmecken gern Süßes und verziehen bei Bitterem oder Saurem angewidert das Gesicht.

- Im **Gleichgewicht** sein, es regulieren können Babys als erstes noch im Mutterleib. Der Gleichgewichtssinn ist als einer der ersten Sinne funktionsfähig.
- **Eigenwahrnehmung**, der Sinn, der uns Informationen aus unseren Gelenken und Muskeln zuspielt, aus der Tiefe unseres Körpers also, in der Fachsprache Propriozeption genannt, entwickelt sich wie die anderen Sinne bereits vor der Geburt.

Die Sinne übermitteln dem Baby schon sofort nach der Geburt ein sinn-volles Erleben. Es bringt sozusagen eine »Strategie« mit, um die Welt zu erobern.

- Lernen kann das Kind vom ersten Augenblick an, ja schon vor der Geburt, wie sich in den Höruntersuchungen (beispielsweise mit Baby Juliett, siehe Seite 82) erwiesen hat.
- Mimik nachzuahmen versuchen schon wenige Tage alte Babys. Sie haben es sogar bereits fertiggebracht, das Herausstrecken der Zunge zu imitieren. Sie versuchen, wenn die Mutter oder auch ein Geschwisterkind mit ihnen spricht, die Mundbewegungen nachzumachen und geben sich dabei je nach der ermutigenden Verstärkung von seiten ihres Gegenübers sogar ungeheure Mühe.
- Sie versuchen schon in den ersten Lebenswochen, auch Laute nachzuahmen. Es handelt sich keineswegs um

sinnloses Gebrabbel, wenn sich Mutter und Kind im gemeinsamen Dialog vergnügen.

- Schon mit wenigen Tagen lassen sie sich nicht überlisten: Wenn das Baby die Mutter und ihre Mundbewegungen sieht, ihm dazu jedoch eine andere Frauenstimme überspielt wird, gerät es in Unruhe, so als wolle es ausdrücken: Hier stimmt etwas nicht.
- In dieser Zeit lächeln sie auch bereits manchmal zurück, wenn wir sie anlächeln. Das Baby kann auch ein »Grußgesicht« machen. Dabei zieht es die Augenbrauen hoch und öffnet weit den Mund. Die Eltern antworten darauf mit ähnlicher Mimik, wenn sie sich über das Kind beugen, sozusagen unabsichtlich. Sie beginnen dann zumeist, mit dem Baby zu sprechen. Dabei bringen sie »ganz von allein« ihr Gesicht in den für das Baby und seine Sehfähigkeit optimalen Abstand zwischen 20 und 30 Zentimeter.
- Zwischen ein und zwei Monaten lacht und quietscht das Baby laut, wenn es vergnügt ist.
- Mit drei Monaten gelingt es Babys, ein Bild am Diaprojektor scharf einzustellen. Sie bewerkstelligten das in einem Versuch der Berliner Psychologin Helga Rauh mit einem Schnuller nach einem ähnlichen Prinzip wie Baby Juliett, die mit einem Schnuller schon als Neugeborenes die Stimme ihrer Mutter auswählte (siehe Seite 82).
- Die Babys imitieren jetzt oft schon ziemlich genau die Laute und dazugehörigen Mundbewegungen, die Mutter oder Geschwister ihnen vormachen.

• Zehn bis zwölf Wochen alte Babys können ein Mobile genau nach Wunsch in Bewegung versetzen, wenn eins ihrer Füßchen mit einer Schnur am Mobile befestigt ist: Sie finden ganz schnell heraus, mit welchem Bein sie strampeln müssen, damit das Spiel in Bewegung gerät. Noch nach einigen Tagen erinnern sie sich genau, mit welchem Bein sie es betätigt haben, und strampeln nun mit ihm, auch wenn sie ohne Schnurverbindung unter dem Mobile liegen.

• Eine Forscherin in Arizona wies erste Rechenkünste bei fünf Monate alten Säuglingen nach. Sie führte ihnen Mäusepuppen auf einer Minibühne vor. Zuerst ließ sie eine Maus erscheinen. Dann klappte sie eine Sichtblende hoch, so daß die Puppenmaus nun nicht mehr zu sehen war. Anschließend ließ die Forscherin von der Seite her eine zweite Puppe erscheinen. Wenn die Sichtblende nun wieder weggenommen wurde, erwarteten die Babys offensichtlich zwei Mäusepuppen. Wenn nur eine oder sogar drei da waren, starrten sie deutlich länger hin. Sie hatten gemerkt, daß die Anzahl nicht stimmte.

• In dieser Phase beginnt das Kind sich für Versteckspiele zu begeistern.

• Sieben Monate alte Babys bringen schon einmal wie zufällig so etwas wie »Mama« und »Papa« oder »Baba« heraus. Sie lieben es jetzt, Silben zu verdoppeln – »gaga«, »dada«.

• Die meisten Babys sind nun Fremden gegenüber scheu oder ängstlich.

- Im Laufe dieser ersten Lebensmonate lernt das Kind, Gefühle von Erwachsenen zu unterscheiden. Dabei kann es sogar schon feine Nuancen erkennen. Es sieht seine Mutter bei bestimmten Tätigkeiten oft fragend an. Je nach ihrer Mimik – ermunternd-fröhlich oder ernst-mißbilligend – macht es motiviert weiter oder hält inne.

- Zwischen sieben und neun Monaten sitzen die meisten ohne Hilfe. Sie bekommen so die Hände frei und spielen, indem sie immer geschickter greifen: zuerst mit dem Daumen-Finger-Griff, in der Folgezeit kleinere Objekte mit dem Pinzettengriff (Daumen und Zeigefinger).

- Mit acht Monaten und später ziehen sie sich schon mal zum Stehen hoch und setzen sich selber auf.

- Mit neun bis zwölf Monaten laufen sie an Möbeln entlang.

- Allein stehen können sie zwischen zwölf und sechzehn Monaten,

- und mit dreizehn bis sechzehn Monaten beginnen sie, allein zu laufen. Für Eltern und Kinder ein echter Sieg, obwohl die Eltern nichts dazu tun müssen außer all dem, was ihre Intuition ihnen unablässig eingibt. Die menschliche Fähigkeit zu aufrechtem Gang, die uns vor allen Tieren auszeichnet, ist erreicht.

- Gegen Ende des ersten und Beginn des zweiten Lebensjahrs kommt nun auch – dem Ablauf unserer uralten Entwicklungsgeschichte entsprechend – mit dem aufrechten Gang die Sprache erstaunlich schnell zur Entfaltung. »Mama« und »Papa« sagen sie jetzt alle, und einige bilden auch schon Zweiwortsätze, andere tun dies dagegen erst am Ende des zweiten Lebensjahrs.

Vergessen wir nicht, uns zum Abschluß daran zu erinnern, daß die Entwicklungsverläufe unserer einzelnen, immer *ganz besonderen*, kleinen »Baby-Personen« viele Variationen zu dem vorgegebenen Schema aufweisen können. Einige stürmen auf einigen Gebieten mit rasanter Geschwindigkeit voran und sind in anderen Bereichen langsam. Andere scheinen in allem schnell zu sein, »sehr weit für ihr Alter«, sagen die Eltern. Noch andere wiederum nehmen sich in allem Zeit. Worauf es ankommt, ist die Qualität der erreichten Entwicklungsschritte und ihre immer neue Integration – Einbindung – in die anderen Fähigkeiten.

Ein Rat an Eltern, die es nicht lassen können, Vergleiche anzustellen: Vergleichen Sie Ihr Kind mit sich selber. Was macht es heute anders, besser, als vor ein paar Wochen oder Monaten? Wo passen sich seine Handlungen und Verhaltensweisen harmonischer ins Gesamtverhalten ein? Wenn eine »gute« neue Entwicklungsqualität erreicht ist, merken Eltern das meist daran, daß ihr Baby oder Kleinkind in eine ausgeglichenere Phase kommt. Es hat dann weniger Wut- und Trotzanfälle, weil seine einzelnen Fähigkeiten »harmonischer« zusammenpassen und so von ihm besser genutzt werden können. Es regt sich weniger über Dinge auf, die es meint, nun neu zu beherrschen, die im Handlungszusammenhang aber noch nicht klappen. Jetzt hingegen, bei besserer »Integration«, bei einem reibungsloseren Zusammenspiel seiner neuen Fähigkeit mit den anderen, »klappt« es eben plötzlich.

6

Sprache – Natur oder Erziehung?

Die zehnjährige Noa unterhält sich mit ihrem zwei Monate alte Bruder Eden. Sie rückt näher mit dem Gesicht an ihn heran, faßt sein Händchen und streicht ihm nach vorn über den Kopf. Eden sieht sie groß an, seine Augenbrauen gehen in die Höhe, sein Mund öffnet sich weit. Eden begrüßt Noa. Er macht ein Eden-Lächeln. Noa begrüßt Eden. Sie macht ihr Noa-Lächeln. Es ist, als hielten sich beide Kinder einen Spiegel vor. Die Botschaft ist herüber und hinüber gegangen. Noa sagt auffordernd etwas Kurzes. Eden antwortet. Noa wiederholt den gleichen Laut, deutlicher jetzt, mit fast übertriebener Mundbewegung. Eden versucht, in der gleichen Tonlage zu antworten. Noa lächelt erneut, sie streichelt sein Köpfchen. Eden lächelt zurück, er macht nun ein ganz aufmerksames Gesicht. »Ge«, sagt er jetzt. Es ist sozusagen sein Vorschlag. Noa verdoppelt, ihn nachahmend, seinen Laut: »ge-ge«. Edens Mimik ist angestrengt in Bewegung. Noa wiederholt und zeigt deutlich ihre Mundbewegung. Eden ist ganz Konzentration. »Ge«, sagt er. Und klingt jetzt ganz wie seine

Schwester. Nun ist sie nicht nur sein Spiegelbild, sondern auch sein Spiegelklang – und er ihrer. Ihrer beider Stimmen sind so ähnlich, daß man glaubt, abwechselnd nur eine zu hören. Ihre Stimmbänder und ihr Kehlkopf bringen offenbar die gleichen Obertöne hervor.

Noa versucht etwas anderes: zwei Laute. Ich weiß nicht, ob sie etwas bedeuten, denn die Kinder sprechen hebräisch. Sie artikuliert, indem sie den Mund wieder mit leicht übertriebener Mimik in die jeweils notwendige Form bringt. Sie scheint zu wissen, daß dies eine schwierige Aufgabe für den Bruder ist. Dann lacht sie ermutigend und macht es wiederum. Eden rudert aufgeregt mit den Armen. Seine Beine zappeln. Dann versucht er es. Fast gelingt es ihm. Es klingt nicht schlecht. Noa macht ihm Mimik und Laute noch einmal vor, und noch einmal. Eden antwortet nun: korrekt. Ich kann es kaum glauben.

Dann erfindet Eden etwas, was sehr kühn und ermunternd klingt. Noa nimmt es sofort auf. Er freut sich und lacht. Das gleiche noch einmal. Nun wandelt Noa seinen Vorschlag leicht ab. Er versucht ihr in seiner Nachahmung zu folgen.

Der Dialog ist so fröhlich, daß nun Lena, die ältere, dreizehnjährige Schwester, Noa ablösen will. Sie spielt ganz ähnlich mit Augen, Stimme und Mimik mit Eden. Lena klingt fast wie ihre Schwester, auch sie ein Laut-Spiegel für ihren Bruder. Schließlich wird Bruder Jam, acht Jahre alt, ungeduldig. Er möchte ebenfalls mit Eden Spaß haben. Jam hat nicht mehr ganz soviel Ausdauer wie Noa, aber es gelingt ihm ganz gut, wie oben beschrieben. Jedesmal sehe ich zu Anfang ein Grußgesicht, jedesmal ein Lächeln, die beide zurückgegeben werden. Diesem Baby fehlt es wirklich nicht an sozialen Vergnügen.

Nun taucht schon wieder Noa auf. Sie scheint auf irgendein geheimes Signal reagiert zu haben, und das hieß: Ich möchte auf den Arm. Sie hebt ihn hoch, trägt ihn ein bißchen herum, bis Lena ihn ihr abnimmt und ins Haus geht. Alle Kinder verhalten sich völlig selbstverständlich, sie bewegen sich zwischen Fröhlichkeit und Ruhe, als stimmten sie sich genau auf das Baby ab. Niemand sagt ihnen, was sie machen sollen. Es kommt alles von ganz allein. Sie kommen und gehen.

Noa versucht dann, mit Hilfe Gabys (der Mutter) die Windeln zu wechseln. Erneuter Anlaß zu einiger Sprachlaut-, Kitzel- und Streichelunterhaltung.

Eden hat seinen Namen nicht zu Unrecht. Er wirkt neugierig, ernst, in sich ruhend wie ein kleiner Buddha. Und er verbreitet in dieser Familie tatsächlich ein bißchen von einem Paradies. »Wir hatten ›Eden‹ eigentlich gar nicht auf unserer Liste«, erklärt mir Gaby, eine ehemalige Kinder-Bewegungstherapeutin aus Hamburg, die mit ihrem Mann Joram und ihrer Familie in Tel Aviv lebt. »Aber er hat sich seinen Namen irgendwie selber gegeben.« Er kam zu Hause zur Welt, und alle Geschwister waren da. »Er war kaum geboren«, erzählt die Mutter, »da war es, als hätte er schon immer zu uns gehört. Ganz merkwürdig. Er schien uns alle aufmerksam anzusehen – so, als ob er uns schon kannte.«

Man braucht nicht lange zuzuschauen und zuzuhören,

es ist offensichtlich: Dieser kleine Junge badet geradezu in Sprache und Kommunikation, verbunden mit Spiel, Zärtlichkeit und Körperkontakt. Er ist nie allein, auch nachts nicht, da schläft er bei den Eltern, so wie es die größeren auch getan haben. Vor ein paar Jahren wäre es gar nicht anders gegangen, denn die Familie hatte zu fünft nur einen sehr beengten Wohnraum. Später erkannten die Eltern jedoch, daß ihren Kindern die nächtliche Nähe guttat.

Ohne Sprache verkümmern sie

Wann lernt ein Kind sprechen? Wir denken vielleicht: Nun, wenn es »Mama« oder »Papa« sagt, so mit einem Jahr etwa. In Wahrheit lernt es dies vom ersten Augenblick seines Lebens an, wenn es auf die Welt kommt. Und es ist mit seinem Gehör und seinem feinen Unterscheidungsvermögen zwischen Sprache und Geräuschen, zwischen der Sprache und Stimme der Mutter und denen fremder Personen, für den Klang der Mutter-Sprache, für den sinnvollen Klang eines Textes schon seit der Zeit im Mutterleib darauf vorbereitet. Es hat also genaugenommen dort schon, als Fötus, zwar nicht sprechen, aber Sprache »gelernt«. Da es ein kleiner Mensch ist, mit einer typisch menschlichen Entwicklung seines Gehirns, ist ihm das also schon als Embryo, der sich aus drei »Keimblättern« entwickelt, in die Wiege gelegt.

Sprache ist für das eben zur Welt gekommene Baby jedoch stärker als für den Erwachsenen untrennbar mit Mimik, Bewegung, Berührung und mit dem Blick verbunden. Wir haben erfahren, daß nur beim Menschen die Dyade Mutter und Kind gleich nach der Geburt Blickkontakt aufnimmt. In seiner Einzigartigkeit unter den Arten scheint dies also bereits zum menschlichen Kommunikations- und Sprachverhalten zu gehören. Dieser Blick hat nicht nur die Fähigkeit, die Milchsekretion der Mutter anzuregen und sie mit ungeahntem Glücksgefühl zu erfüllen, er hat auch die geradezu magische Kraft, ihr die ersten liebevollen Worte, ihre Ansprache an ihr Kind zu entlocken. Oft nennt sie es bereits bei seinem Namen.

In der Entwicklung darf nichts fehlen

Das Baby kennt diese »Mama-Sprache« also schon, ihren Klang, in den sich nun vielleicht der noch nicht so vertraute der »Papa-Sprache« mischt. Es wird gleichzeitig gestreichelt, gehalten, näher über den Bauch der Mutter an ihr Gesicht gezogen. Es liegt nun auf ihrer Brust und findet, von Geruch und taktilen Signalen geleitet, die Brustwarze. Es beginnt zu saugen – das für seine Abwehrkräfte so wertvolle Kolostrum. Die Eltern begleiten jede dieser winzigen Aktionen mit ihren Worten, sie wiederholen immer wieder ähnlich klingende Satzmelodien, ermutigend, lobend, stolz. Handlungen, vom Baby noch nicht unterschieden als eigene oder mütterliche, »haben« Stimmen, Sprache, die dazuzugehören scheinen. Alles zusammen ergibt einen gewissen Sinn. Wir haben am Modell der Wahrnehmungssysteme gezeigt, daß das Neugeborene die Welt nicht als Chaos erlebt. Es erlebt sie anders als wir, aber es findet sich in etwas hinein, das Sinn hat. Dieses »Sinn Haben« ist ungeheuer wichtig für seine weitere Entwicklung, für seine Sprache und sein Weltverständnis.

Menschenkinder, denen Sprache in Form von Worten und Klängen, ebenso wie jene der zärtlichen Gesten entzogen wird, verkümmern in ihrer Gesamtentwicklung – ja, sie sterben sogar, wie ein berühmtes historisches Beispiel zeigt: Getrieben von Neugier, herauszufinden, was wohl die Ursprache der Menschheit sei, ließ der Stauferkaiser Friedrich II. im 13. Jahrhundert eine Reihe von Säuglingen Ammen zur Pflege übergeben. Sie erhielten den Auftrag, die Kinder zwar ihren körperlichen Bedürfnissen entsprechend zu versorgen, ihnen aber jede liebevolle Geste und Berührung, jeden Blickaustausch, jeden freundlichen Gesichtsausdruck und jede Ansprache zu verweigern. Die Folge dieser seelischen Folter: Alle Babys starben.

Solche seelische Mangelsituation, verbunden mit Wahrnehmungsdeprivation und Sprachlosigkeit der Umwelt, hat man in moderner Zeit mehrfach am Beispiel der »wilden Kinder« dargestellt. Es handelt sich um Kinder, die in erschütternder Einsamkeit aufgewachsen sind, teilweise in der Wildnis unter Wölfen – man bezeichnete sie als Wolfskinder –, teilweise von ihren eigenen Eltern mißhandelt. Bei allen zeigten sich nicht nur wie zu erwarten dramatische Rückstände in der Gesamtentwicklung – sie konnten nicht einmal aufrecht gehen –, sondern auch ihre Sprache war ihnen wie verlorengegangen. Sie konnten nach ihrer Rettung nur wenige armselige Sprach-Fähigkeiten nachholen. In ihrem Leben war einfach eine wichtige Entwicklungsphase mit der damit einhergehenden Strukturierung im Gehirn ausgelassen worden. Ein Beweis auch dafür, daß Sprache in einer bestimmten Lebensphase, nämlich in der frühen Kindheit, von Anfang an gehört, angeregt und im Dialog ausgetauscht werden muß. Dabei muß sie sinnvoll sein und von Gesten und Mimik begleitet werden.

Man darf nicht annehmen, daß die erwähnten »wilden Kinder« unter normalen Bedingungen geistig behindert gewesen wären. Viele hätten den Existenzkampf in der Wildnis gar nicht überlebt, wenn sie nicht von ihren Anlagen her mindestens normal ausgestattet gewesen wären.

Einer der immer wieder zitierten besonders aufschluß-reichen Fälle ist der des amerikanischen Mädchens, das als Genie (ausgesprochen wie Jeanie), eigentlich hieß sie Susan, in die Fachliteratur eingegangen ist. Das kleine Mädchen wurde im Alter von etwa einem Jahr von einem sadistischen Vater eingesperrt: allein in einen Raum mit zugezogenen Vorhängen. In einer Art Leibchen, das er ihr selber genäht hatte, fesselte er sie nackt auf einem Stuhl, in den ein Topf eingelassen war. In das Zimmer, das die Kleine zwölf Jahre lang nicht verlassen konnte, drang kein Laut. Die Familienmitglieder durften ihr Milch und Kinderbrei bringen, aber nicht mit ihr sprechen. Der Vater schlug sie mit einem Knüppel, wenn sie selber Geräusche machte. Er und auch Genies älterer Bruder knurrten und bellten sie an wie Hunde.

Die Mutter lebte in solcher Angst vor ihrem Mann, daß sie erst nach Jahren – 1970 – wagte, ihr Kind zu befreien und ihn zu verlassen. Als Genie mit 13 Jahren aus ihrem Verlies geholt wurde, hatte sie zwölf Jahre ohne jeden menschlichen Umgang gefesselt vegetiert: Sie entsprach in ihrer Entwicklung einem einjährigen Kind. Sie konnte weder stehen noch gehen, noch ihre Darm- und Blasenfunktionen beherrschen. Es gelang ihr kaum, die Arme und Beine zu strecken. Sie wog nur 54 Pfund und war viel zu klein für ihr Alter.

In den folgenden Jahren, in denen sie in Krankenhäusern und später in einer Pflegefamilie von einer Psycholinguistin betreut wurde, lernte sie nur mit Mühe menschliches Sozialverhalten. Am schwierigsten war es jedoch, ihr Sprache beizubringen. Nach einigen Monaten konnte sie zwar einige Dinge benennen, aber die bei etwa zweijährigen Kindern einsetzende rasche Sprachentwicklung über Zweiwortsätze hinaus blieb bei ihr aus. Ihre Stimme klang ungewöhnlich hoch und monoton. Es dauerte lange, bis sie ein wenig ausdrucksvoller wurde.

Die »wilden« oder Wolfskinder haben schon immer die Phantasie der Menschen beschäftigt, zumal bei ihnen, anders als bei der unglücklichen Genie, zumindest Tiere, Wölfe, offenbar die Aufzucht übernommen hatten. Diese Kinder hatten wenigstens die Zuneigung und Fürsorge einer Wolfsfamilie genossen und konnten sich bewegen, wenn auch nicht wie Menschen. 1974 fand man in Nordindien einen etwa zehnjährigen Jungen in Begleitung dreier Wölfe. Er lief auf allen vieren, aß nur rohes Fleisch und biß

Menschen. Mutter Teresa nahm ihn in ihre Obhut, aber es gelang ihr nicht, ihm viel mehr menschliches Verhalten beizubringen, als sich selber anzuziehen.

Die Familie sorgt dafür, daß alle Anlagen genutzt werden

Die geschilderten Beispiele zeigen Kontraste, wie man sie sich krasser kaum vorstellen kann. Hier eine Familie, in der sämtliche gefühlvollen und auch banalen Handlungen von Sprache begleitet werden, mit einem zwei Monate alten Baby, das in all diese sprachlichen Manifestationen seiner Eltern und Geschwister wirklich einbezogen ist. Der kleine Eden empfindet Sprache sicher als so selbstverständlich und vertraut wie die Luft zum Atmen. Auf der anderen Seite Kinder, die jeder menschlichen Kommunikation beraubt sind und die auch das nicht erleben, was Kommunikation »transportiert«: Empfindungen und Gefühle, Tröstungen, Aufforderungen, Ermutigungen, Lob, Spiel, Spaß, eine ganze Palette sehr menschlicher Erfahrungen. Man kann sich vorstellen, was in beiden Fällen mit den »Anlagen« geschieht. Alle diese Kinder kommen ja mit annähernd dem gleichen Potential zur Welt. Sie sind im Besitz derselben von der Natur vorgesehenen, schon im Mutterleib entwickelten Fähigkeiten, nach der Geburt Sprache zu lernen und aufrecht zu gehen. Sie bringen etwas mit, das wie ein Angebot ist, wie eine hingehaltene Hand. Wird es oder sie ausgeschlagen, passiert nichts mehr.

Mit der Sprache ist es wie mit allen anderen Kompetenzen: Was auch immer als frühe Anlage vorhanden ist, muß
benutzt werden, so unreif es noch sein mag. Das gilt für
Sprache wie für alle Wahrnehmungssysteme und die Mo-
torik. Und jede dieser neu auftauchenden, noch unreifen
Fähigkeiten muß eingebettet in die anderen Systeme benutzt werden. Wir wissen aus der Hirnphysiologie, daß
sich Nervenbahnen und Hirnstrukturen wieder zurück-
bilden und »verlorengehen«, wenn sie nicht häufig genug
beansprucht werden.

Das Beispiel Genies zeigt sogar, daß die linke Hirnhälfte, normalerweise der Sitz des Sprachzentrums, bestimmte Strukturen gar nicht erst bildet, wenn nicht die
»sensible« Phase, das heißt die von der Natur vorgese-
hene Phase für das Erlernen von Sprache, genutzt wird.
Genaue Untersuchungen hatten erwiesen, daß bei dem
kleinen Mädchen die rechte Hirnhemisphäre Aufgaben
übernahm – das Erkennen von Gesichtern und Sprache beispielsweise – wie bei Kindern, denen wegen eines
Tumors ein Teil der linken Hirnhälfte entfernt werden
mußte. Die linke Hirnhälfte reagierte bei ihr überhaupt
nicht auf gehörte Sprache, ähnlich Kindern, die taub zur
Welt gekommen waren und nicht einmal Gebärdenspra-
che gelernt hatten.

Das Baby lehrt die Mutter, ihm etwas beizubringen

Die frühe Bindung, ja Einbindung in der Familie ist die ideale Voraussetzung dafür, daß Sprache sich entfalten kann. Hier findet sich alles beisammen: Motivation, Anregung, Vorbild, Übung und Geduld. Dabei ist es keineswegs so, daß vor allem oder gar ausschließlich das Kind in seiner ersten Laut- und Silbensprache die Mutter oder die anderen Familienmitglieder nachahmt. Das zeigt sich schon in dem winzigen Dialog zwischen Eden und seiner Schwester. Das Baby selber macht »Vorschläge«, und meistens ahmt die Mutter es dann nach, wobei sie häufig nach einigen Wiederholungen leicht abwandelt und damit das Baby zur Imitation ermuntert.

Was passiert, könnte man verkürzt so ausdrücken: *Das Kind lehrt die Mutter, es zeigt ihr, wie und auch wann sie ihm etwas beibringen kann.*

Diese Formel gilt für fast alles in der kindlichen Entwicklung. Wir können uns beträchtliches Kopfzerbrechen über Erziehung und unsere Kompetenzen ersparen, wenn wir diese einfache Grundregel verinnerlichen. Von der Mutter bzw. den Eltern oder der Bezugsperson wird dabei vor allem eine Fähigkeit verlangt, die eine entscheidende Rolle spielt: Feinfühligkeit, Einfühlungsvermögen. Das Ganze ist ein gegenseitiger Anpassungsprozeß, bei dem es beiden Partnern zugute kommt, daß sich die musikalischen Elemente ihrer Laute und Sprache erstaunlich ähnlich sind.

Für das Baby geht es in den ersten Wochen nach der Geburt darum, das Zusammenspiel von Atemmuskulatur, Atemdruck und der Aktivierung der Stimmbänder so in Gang zu bringen, daß dabei »zufriedenstellende« Laute herauskommen. Im zweiten bis dritten Monat sind das häufig Gurrlaute. Diese gehen gleitend in eine Phase vielfältigen stimmlichen Ausprobierens über. Da wird alles mögliche versucht: Quietschen, Kreischen, Brummen, Flüstern, manchmal in kurzem Stakkato, manchmal in langgezogenen vokalartigen Lauten. »Zur Bereicherung des Repertoires werden verschiedenste Mittel ausgenutzt«, schreibt Mechthild Papoušek. »Ein Überschuß an Speichel, Fingerspiel mit den Lippen, ein Spielzeug oder Finger im Mund, die ersten Zähnchen oder prustendes Ausstoßen von Luft durch die geschlossenen Lippen.«[1]

Das Kind erprobt so alle seine Verständigungsmöglichkeiten – die physiologischen und neuromotorischen, so wie sie sich in ihrem jeweiligen Reifestadium benutzen lassen. Schon in diesen ersten Etappen der Sprachversuche, im kreativ erprobenden und erkundenden Umgang mit der eigenen Stimme, gehe das Menschenkind eindeutig über das relativ starre angeborene Verhaltensrepertoire unserer nächsten Verwandten, der Primaten, hinaus, meint Mechthild Papoušek.

Immer wieder entwickeln sich, animiert durch das Vergnügen des Kindes an seinen eigenen Kreationen, regelrechte Laut-Spiele zwischen ihm und seinen Eltern. Die Mutter zeigt dem Kind, wie es spielerisch mit der Stimme umgehen kann, indem sie ihre Wiederholungen nicht monoton darbietet, sondern voller Änderungen im Rhythmus, Tempo und in der Stimmlage.

Ein echter Meilenstein in der Sprachentwicklung ist die Wiederholung von Silbenfolgen, wie »mammammammamma« oder »dadadada« oder »gegegege«. Die Silbenketten erscheinen meist um den siebten, achten Monat. Zwischen dem siebten und neunten Monat lieben es die Kinder zu monologisieren, und zwar in richtigen Silben. »Sie stellen die minimale rhythmische Einheit dar, die allen menschlichen Sprachen gemeinsam ist«, erklärt Mechthild Papoušek. Hinter dieser neuen Fähigkeit steht ein beträchtlicher Reifungsprozeß im Gehirn – und zwar sowohl anatomisch als auch neuromotorisch.

Interessant ist, daß sich nach den Beobachtungen von Frau Papoušek das Sprachverhalten der Mütter ändert. Bis zum siebten Monat haben sie relativ selten typische Babyworte wie »wauwau«, »gagack«, »hamham« benutzt. Nun steigt diese Nachahmung der kindlichen Ausdrücke plötzlich um 60 Prozent an. Jetzt scheint es weniger darum zu gehen, das Baby bei der Einübung von Lauten und ihrer Artikulation zu unterstützen, als schon darum, bestimmte Inhalte, Informationen zu übermitteln. Die Mutter verleiht in dieser Phase den Silben eine wirkliche Bedeutung.

Aus wenig viel machen

Jetzt steht auch der Kombination verschiedener Worte und Silben, wie sie im zweiten Lebensjahr immer häufiger auftauchen, und der Bildung kleiner Sätze wie »Mimi Nane!« (Mimi will Banane haben) nichts mehr im Weg. Wobei ein Wort wie Nane so ungefähr jedes Obst bezeichnen kann. Oft wiederholt das Kind solche kleinen Bitten, Aufforderungen oder Hinweise viele Male. Ein etwa zweijähriger Junge, den die Mutter im Einkaufswagen durch den Supermarkt schob, wiederholte zu meinem Erstaunen während dieser etwa 15 Minuten langen »Reise« beharrlich und regelmäßig wie ein Metronom den Satz »Mama, Eis« – im Abstand von jeweils einigen Sekunden. Natürlich bekam er sein Eis.

Mit diesen wenigen Mitteln schafft es das Kleinkind, schon erstaunlich viel zu sagen. Es hat die besondere Fähigkeit, aus »wenig viel zu machen«, wie der amerikanische Sprachspezialist Jerome Bruner es ausdrückt. Ihm gelingt das mittels immer neuer einfallsreicher Kombinationen. Es sei typisch, daß es mit einem relativ kleinen »Set« von Elementen arbeitet, um einen weiteren Spielraum für neue Möglichkeiten zu eröffnen.[2]

Das heißt, es geht mit der Sprache ähnlich wie mit anderen Fähigkeiten um: Es verbringt seine meiste Zeit damit, sehr wenige bestimmte Dinge zu tun. Es schlägt mit einem Hölzchen auf ein Spielzeug, es langt nach etwas und nimmt es – wieder und wieder. Ganz systematisch. Bald schlägt es nicht mehr auf das erste Spielzeug, sondern auf ein zweites und drittes, auf alles Erreichbare. Es greift nach einem Gegenstand, nimmt ihn, schlägt darauf, wirft ihn auf den Boden, nimmt ihn wieder, steckt ihn in den Mund, legt ihn sich auf den Kopf. So spiele es sein ganzes Repertoire durch, erklärt Bruner. Ähnlich verfährt es mit der Sprache. Es bringt die Bereitschaft, die Grundfähigkeit mit, systematisch zu lernen und zu begreifen. Es handelt und reagiert mit einer kulturellen Kompetenz, mit einem Sinn für Ordnung und für das, was von ihm erwartet wird.

Das Kind lernt nun ganz schnell, daß man mit Sprache etwas »machen« kann. Es lernt, wie Bruner sagt, »mit Worten Dinge zu tun«.

Nach Bruners Beobachtung bringt das Kind vier Eigenschaften oder Prädispositionen mit auf die Welt, die ihm helfen, mit Sprache umzugehen:
- Da ist als erste die eben genannte Fähigkeit, *systematisch zu handeln.* Wir brauchen ihm dazu nur beim Spielen zuzusehen, wie in dem zuvor erwähnten Beispiel. »Wenn man von der Begrenztheit des Aktionsfelds des Kindes ausgeht, dann ist das, was sich im Rahmen dieses Felds abspielt, genauso geordnet oder systematisch wie das Verhalten eines Erwachsenen«, schreibt der Wissenschaftler. Mit dieser Systematik ist das Kind nun auch fähig, Hypothesen über seine Umwelt aufzustellen, Schlüsse zu ziehen. Eine wichtige Voraussetzung, um mit Sprache sowohl passiv als auch aktiv umzugehen.

- Die zweite »Eigenschaft« ist seine Fähigkeit, *Handlungen auf ein Ziel zu richten.* Das heißt zunächst, wie wir es schon beschrieben haben, aktiv Regelmäßigkeiten und Regeln in seiner Umwelt zu suchen und diese Erfahrungen so in eigene Handlungsschemata oder -strukturen einzubringen, daß es damit etwas bewirken, bestimmte Ziele erreichen kann. Denken wir noch einmal an das Beispiel von Baby Juliett mit dem Sauger und der Stimme der Mutter. Ebenso schnell wie Gegenstände lernt das Kind auch, Menschen für seine Ziele einzusetzen. (Wir werden das auf den folgenden Seiten an einem Beispiel vorführen.) Das ist nur möglich durch Kommunikation. Ziehen wir noch einmal den Vergleich mit unseren nächsten Verwandten im Tierreich: Keiner der Menschenaffen sei fähig, sich so »interaktiv« zu verhalten wie ein Mensch bereits am Anfang seines Lebens, erklärt der amerikanische Wissenschaftler.

- Das dritte schließlich, wie könnte es anders sein, ist der übermächtige *Wunsch zur Kommunikation.* Auf diesen Wunsch angemessen zu reagieren ist die stärkste Lernförderung überhaupt, die Eltern ihrem Kind angedeihen lassen können. Andererseits gibt es kaum etwas Destruktiveres als die Verweigerung einer sozialen Reaktion angesichts eines solchen Appells. Schon ein abweisendes, verschlossenes Gesicht kann das Baby aus dem Gleichgewicht bringen.

Wir haben eingangs gezeigt, daß Eltern von Natur aus eher mit Freude und Vergnügen auf die Kommunikationsappelle ihrer Babys antworten und eingehen. Wenn

Mütter manchmal etwas abwertend über einen weinenden Säugling sagen: »Ach, der will *nur* Aufmerksamkeit«, dann tun sie es fast nie aus eigener Überzeugung. Oft schämen sie sich vor anderen Erwachsenen, weil ihr Kind quengelt, und wollen sich damit entschuldigen. Intuitiv freut sich jede Mutter, wenn ihr Baby Aufmerksamkeit fordert.

• Die vierte Fähigkeit des Kindes schließlich ist sein erstaunliches *Abstraktionsvermögen*. Es weiß zum Beispiel, daß ein kugelrundes Ding, das man sich zuwerfen kann, egal, ob es sich größer oder kleiner, gelb oder rot, rauh oder glatt präsentiert, ein Ball ist. Ein Möbel, auf das man sich setzen kann, mag ganz verschiedene Eigenschaften haben: Das Kind erkennt es als Stuhl. Hunde machen nicht immer »wauwau« und sehen ganz verschieden aus, trotzdem vermag das Kind einen »Wauwau« von einer »Miau«, die ebenfalls vier Beine, Fell und einen Schwanz hat und ihm in vielfältigen Variationen begegnet, zu unterscheiden. Schon nach einigen Lebensmonaten weiß das Baby, wenn Mama ihm »böse« ist. Es versteht den Sinn von »Nein, nein!«, obwohl tausend ganz verschiedene Verbote damit gemeint sein können. Anders ausgedrückt: Was es in seinem vorsprachlichen Universum an Erfahrungen gesammelt hat, hilft ihm nun bei der Benutzung der Sprache.

Das Kind kennt seine Frage noch nicht

Wie Kind und Mutter sich dabei aufeinander abstimmen und sich eine höhere Sprachfähigkeit entwickelt, soll ein kleines Dialogbeispiel demonstrieren, das Bruner aufgezeichnet hat.[3] Ich gebe es nur ungefähr wieder, da sich bestimmte Worte oder Wendungen nicht ohne Sinnveränderung übersetzen lassen. Hier also das Gespräch zwischen dem zweijährigen Richard und seiner Mutter:

RICHARD: Mami, Mami!

MUTTER (bleibt sitzen): Was?

RICHARD: Mah, Mami, Mami komm! (Er zeigt kurz auf den Schrank.)

RICHARD (geht zu dem Schrank, dessen eine Tür offen, die andere geschlossen und verriegelt ist. Richard sieht mehrmals abwechselnd zu seiner Mutter und dem Schrank, berührt die geschlossene Tür oder steckt seine Hand in die offene Hälfte): Auf, auf, auf [im Englischen »up«].

MUTTER: Auf, der Schrank?

RICHARD: Schrank.

MUTTER: Was meinst du, »auf Schrank«?

RICHARD: Auf Schrank, auf Schrank, auf Schrank auf.

MUTTER: Willst du, daß ich aufstehe?

RICHARD: Aufstehe.

MUTTER (lacht).

RICHARD: Schrank. Schrank. Schrank auf, Schrank auf, Schrank auf, Schrank auf.

MUTTER (steht auf, geht zu Richard neben den Schrank): Ich kann den Schrank nicht aufheben! (Sie öffnet den Schrank, während sie mit ihm spricht.)

RICHARD schaut in den Schrank, er entdeckt ein Spielzeugtelefon.

MUTTER: Wie wär's mit dem Telefon? Du nimmst dir das Telefon raus, und dann telefonierst du. (Sie geht weg. Die Schranktür fällt wieder zu.)

RICHARD: Mami (er geht zu ihr, zieht sie an der Hand zum Schrank). Mami, nimm Telefon raus.

MUTTER (macht die Schranktür auf): Das ist es also! Nun nimm dir das Telefon raus!

RICHARD (faßt in den Schrank): Teller raus (er ist ganz aufgeregt).

MUTTER: Mmmmm.

RICHARD: Teller raus.

MUTTER: Teller raus!

RICHARD zerrt die Teller aus dem Schrank, bringt sie zum Sofa und sieht seine Mutter lächelnd an.

Bruner erklärt, daß wir nicht wissen können, was Richard anfangs wollte. Er hatte offensichtlich Schwierigkeiten, seine Bitte auszudrücken. Als er seine Mutter schließlich dazu gebracht hatte, den Schrank zu öffnen, wurde er durch das Telefon von seiner ursprünglichen Absicht abgelenkt. Wahrscheinlich hatte er nach Tellern gesucht, um seinen Tieren, die er versammelt hatte, etwas zu essen zu geben. Als er nun das Telefon sah, brachte er es fertig, einen ganzen Satz zu sagen: Mami, nimm Telefon raus.

Nachdem dann die Schranktür ganz offenstand, kehrte er zu seiner ursprünglichen Absicht zurück.

Als Zuhörer können wir im Laufe dieses Dialogs miterleben, wie schwierig es für das Kind ist, einen notwendigen Handlungsplan und die kommunikative Aufforderung sozusagen im vorhinein aufeinander abzustimmen. Was ein Kind uns mitteilen, fragen oder bitten möchte, entsteht zwar sicher als Wunsch, dies im Zusammenhang mit dem, was es gerade erlebt oder tut, in Worte zu fassen. Aber es ist nicht gleich fertig formuliert da. Das Kind weiß noch nicht, was es sagen wird. Es kennt seine Frage oder Bitte beziehungsweise Aufforderung an die Mutter noch nicht. Nicht immer. Und ohne die intuitive Kompetenz der Mutter (der Eltern), genau in der erforderlichen Weise »einzusteigen«, nicht zuviel und nicht zuwenig, käme das Kind in Bedrängnis. Vielleicht würde sein schüchterner Kommunikationsversuch schon im Keim erstickt.

Die Fähigkeit, Aufforderungen und Bitten auszudrücken, ist in der kindlichen Sprach- und Geistesentwicklung ein Meilenstein auf dem Weg zum verfeinerten sozialen Umgang mit anderen. Denn hier geht es um weit mehr, als nur Sprache an sich zu lernen. Es ist ein Schritt in die Kultur.

Sprache lernen bedeutet mehr als Sprechen üben

Deshalb meint Bruner, Sprache sei für den Menschen geradezu eine Frage von Sein oder Nichtsein. Kultur zu *benutzen*, ist für uns notwendig, um zu überleben. Diese Notwendigkeit zwinge uns geradezu, Sprache zu lernen und zu beherrschen, erklärt er. Denn Sprache ist das Mittel, Kultur zu interpretieren und zu beherrschen, kurz: mit ihr umzugehen. Dieser Umgang mit Kultur beginnt beim Kind in dem Moment, »in dem es auf der menschlichen Bühne erscheint«.[4] Darum beginnt es vom ersten Tag an, seine angeborenen Kompetenzen zu nutzen, Sprache zu erobern und damit seinen Platz in der Kultur einzunehmen.

Verstehen wir uns richtig: Kultur, das ist nicht irgendein Luxus für Intellektuelle, Kultur ist nichts anderes als das Lebenselixier für die Spezies Mensch, ohne sie geht er zugrunde. Wir haben das am Beispiel des unmenschlichen Versuchs des Stauferkaisers mit Babys und am Schicksal der wilden und vernachlässigten Kinder gezeigt. Sie alle waren nicht nur unfähig, Sprache zu benutzen und zu lernen, sie überlebten auch die Vernachlässigungen nicht lange.

Sprache taucht nicht mit dem ersten Wort oder den ersten Doppelsilben auf. Sie taucht auch nicht nur als das auf, was wir gemeinhin als Sprache erkennen. Sie erscheint und entfaltet sich in allen diesen winzigen oder gewaltigen Fähigkeiten, die wir hier bereits zusammengetragen haben. Sie steckt und entwickelt sich in all den Kompetenzen, die Welt in vielfältiger Weise mit sämtlichen Sinnen wahrzunehmen: in der Kompetenz, sich aufzurichten, Dinge mit Händen zu tun, zu spielen, zu *handeln*; in der Kompetenz, Bindung zu schaffen, Gefühle zu wecken und zu zeigen; in der Kompetenz schließlich, daraus echte soziale Beziehungen entstehen zu lassen. Und vergessen wir nicht den wichtigen Partner bei all dem: die Mutter. Sprache entwickelt sich, wenn von beiden ein Austausch in Form vorhersehbarer Handlungen miteinander »geschaffen« wird. Beide sind kreativ, agieren geradezu mit der Intuition eines Künstlers in diesem Zusammen-Spiel, indem sie ein Stück Wirklichkeit miteinander teilen.

Alle Eltern haben eine Chance, es richtig zu machen

Mit anderen Worten: Alles, was ein Baby vom ersten Atemzug an »lernt«, bedeutet gleichzeitig Sprechenlernen. Es ist wie mit den Wahrnehmungen: Jeder einzelne Sinn läßt sich nur im Zusammenhang mit den anderen fördern. Sprache lernt das Kind nicht, weil eifrige Erwachsene ihm wohlartikulierte Laute vormachen oder immer wieder auf einen Gegenstand zeigen und ihn benennen.

Für Eltern in ihrer Unsicherheit – machen wir es richtig oder nicht? – ergibt sich daraus die ermutigende Gewißheit, daß sie nicht Vater- oder Mutter-Sein studiert haben müssen. Sie alle sind auf vielfältige Weise dazu befähigt, ihrem Kind auf diesem Weg in die menschliche Sprache und Kultur zu helfen. Es hat nichts mit ihrem Bildungsgrad zu tun. Und es macht auch nichts, wenn hier oder da mal etwas schiefläuft. Der »natürliche« Entwicklungsplan eines Kindes hat eine so ungeheure Variationsbreite, bietet so unendlich viele verschiedenartige Ansatzmöglichkeiten, daß alle Eltern eine Chance haben, »es gut zu machen«.

Theorien über den Ursprung der Sprache

Nun haben wir zwar schon eine Vorstellung davon, wie Kinder sprechen lernen. Trotzdem müssen wir uns doch über einiges wundern: Wie bringen sie es fertig, kaum dem Babyalter mit wackligem, aber aufrechtem Gang entronnen, in ihrem Kinderjargon richtige Sätze zu formulieren? Wie bringen sie es fertig, so etwas Kompliziertes wie Grammatik und Syntax zu lernen? Brauchen wir selber nicht Jahre, bis wir das in einer fremden Sprache beherrschen?

In der Tat haben Linguisten immer wieder an diesem Phänomen herumgerätselt und Theorien aufgestellt. In den dreißiger, vierziger und fünfziger Jahren gab es mehrere Modellvorstellungen, die in der Quintessenz etwa auf das hinausliefen, was wir uns selber so ungefähr erklärt hatten: Da sind Worte, und da sind Dinge. Ein Wort bekommt seinen Sinn, wenn es mit einer Sache zusammen genannt wird. Zwischen ihnen wird eine Verbindung hergestellt: die Bedeutung. Diese Theorien verstanden Sprache als ein riesiges Netz, in dem separate Elemente assoziativ miteinander verbunden wurden – einzelne Worte und einzelne »Dinge«. Die meisten »Nichtlinguisten« denken ähnlich. Sie meinen zum Beispiel, wenn sie dem Kind beibringen, Dinge, Personen oder Tiere zu bezeichnen – »Wauwau«, »Muhmuh«, »Mama« – und Begriffe wie »Hamham« (für essen) oder »da« hinzufügen, dann ergebe die Aneinanderreihung solcher »Elemente« eben Sprache.

Aus dieser Position der assoziativen Verbindung von Einzelelementen heraus versuchten die Wissenschaftler die gesamte Sprachentwicklung zu erklären. Ihre Versuche erwiesen sich im Licht der neueren Entwicklungsforschung nicht nur als unzulänglich, sondern auch als falsch.

Es ist wichtig, sie im Zusammenhang mit der damaligen Forschung zu sehen. Seinerzeit faszinierte Piagets Modell der Intelligenzentwicklung, das heute noch weithin seine Gültigkeit behält, wenngleich einige seiner Schlußfolgerungen von neuen Erkenntnissen überholt wurden. Für Piaget war ein Kind unter sieben Jahren noch außerordentlich beschränkt in seinen geistigen Fähigkeiten.[5] Es entwickelt nach seinem Verständnis zwar schon in den ersten 18 Lebensmonaten beachtliche praktische Fähigkeiten. Aber es ist für den Schweizer Forscher doch alles andere als ein kleiner Denker.

Angesichts dieses Hintergrunds war es nicht leicht zu erklären, daß das Kind schon sehr früh mit Grammatik umgehen kann. Auf der einen Seite schien es mit vielen Aufgaben, die für einen Erwachsenen banal und einfach waren, überfordert, auf der anderen Seite konnte es offensichtlich Regeln aus einem so hochkomplizierten System wie der menschlichen Sprache herausfinden und selber herausarbeiten. Wie paßte das zusammen?[6]

Die Revolution fand in den sechziger Jahren statt. Der Philosoph und Sprachforscher Noam Chomsky versuchte, die Frage zu beantworten. Er stellte die These auf, bald von einer brillanten Theorie untermauert, das Kind müsse eine angeborene Fähigkeit haben, eine hochspezifische »Prädisposition«, das System Sprache zu verstehen. Er nannte diese Fähigkeit »Language Acquisition Device« (Spracherwerbs-Mechanismus), abgekürzt LAD.[7]

Chomsky vermutete, daß es irgendwo im Gehirn eine Stelle gebe, wo dieses LAD, diese angeborene Fähigkeit zum Spracherwerb, ihren Sitz habe. Man stellte sie sich als eine Art »Box« vor, in die über das Gehör des Kindes sprachlicher Input hineinkäme. Dieser Input war oft sehr unvollkommen, häufig waren es Gesprächsfetzen, die das Kind um sich herum hörte, aber auch Sprache, die wirklich an es gerichtet war. Der in der Box untergebrachte Mechanismus war so gut auf alles eingestellt, daß er mit allem etwas anfangen konnte und aus diesem Sprachsalat unverzüglich die richtigen Hypothesen über die Regeln der Sprache herausschälte.

Chomskys Idee traf auf wahre Begeisterung. Endlich wurden so viele bisher unerklärliche Phänomene plausibel. Und das Ganze paßte auch gut in die neue Forschung über den Fötus und das Baby: Schließlich zeichnete sich in fast allen Bereichen ganz deutlich ab, daß das Kind mit beträchtlichen Kompetenzen auf die Welt kam. Und diese ihm angeborene Kompetenz zum Spracherwerb war nun auch noch eine spezifisch menschliche.

Jerome Bruner ergänzte den Chomskyschen Gedanken um einen ganz wichtigen Aspekt: um eben jenes Prinzip, das wir im Verlauf dieses Buchs immer wieder hervorgehoben haben – den notwendigen Partner, das Umfeld, kurz, anfangs die Eltern. Wie jede Fähigkeit, die – egal ob beim Fötus oder beim Kind – als Anlage erscheint, braucht auch diese ein Umfeld, einen Partner, damit sie »funktionieren« kann. Sie braucht Unterstützung.

LAD, die Kompetenz zum Spracherwerb, »schreit« sozusagen nach einer sie ergänzenden, ebenfalls von der Natur vorgegebenen Kompetenz auf seiten der Eltern, die Bruner nun LASS nannte: »Language Acquisition Support System«, deutsch: Unterstützungssystem zum Spracherwerb. Beide Systeme sind aufeinander angewiesen, um sich zu entfalten – das des Kindes auf das der Eltern und das der Eltern auf dasjenige des Kindes. In der Fachsprache bezeichnet man das als »Interdependenz«. Wir brauchen solche Fachausdrücke nicht zu verstehen, um zu begreifen, worum es geht. Führen wir uns nur noch einmal die Beispiele von Noa und ihrem Bruder Eden und von Richard mit seiner Mutter vor Augen.

Für Chomsky war die spezifische menschliche Kompetenz zur Sprache sozusagen die erste, die allen anderen geistigen Kompetenzen vorausging.

In den siebziger Jahren wurde noch einmal alles regelrecht auf den Kopf gestellt. Ein Wissenschaftler namens John Macnamara veröffentlichte eine Arbeit, in der er die Meinung vertrat, es sei genau umgekehrt, wie Chomsky es sah: Kinder seien eben aufgrund all ihrer *anderen* bereits erworbenen oder angeborenen Fähigkeiten in der Lage, Sprache zu lernen, »ganz besonders, weil sie die ziemlich gut entwickelte Fähigkeit haben, einen Sinn zu sehen in gewissen Situationen, die direkte und spontane menschliche Interaktion beinhalten«.[8]

Das heißt, sie verstehen bereits, *bevor* sie dieses Verstehen ausdrücken können. Und es heißt ebenfalls, Sprache bekommt ihre Bedeutung erst in einem Sinnzusammenhang, in einem *menschlichen* Sinnzusammenhang. So wird noch einmal unterstrichen, was wir uns hier die ganze Zeit vor Augen geführt haben: Das Erlernen von Sprache ist aufs engste und unauflöslichste mit allen anderen Lernprozessen verbunden. *Es hat wirklich keinen Sinn, das Kind wie einen kleinen Papagei zu behandeln und ihm immer wieder wohlgeformte Laute oder Worte vorzusprechen.*

Sicher würde es auch diese lernen: Aber dabei würde es sich dann nicht um Sprache handeln, sondern um Nachgeplappertes. Und eben das ist die Sprache eines Kindes nicht! Und weitergedacht bedeutet all das auch, daß es nicht um einzelne Worte und ihre Bedeutung geht, nicht um ein isoliertes Verständnis von dem, was ein Wort meint. Es geht um sinnvolle Zusammenhänge. Die Entwicklungspsychologin Margaret Donaldson, deren Argumentationen ich im Verlauf dieses Kapitels nun weitgehend folge, vermutet, daß es eine Vorstellung von Erwachsenen sei – und noch dazu eine von Erwachsenen der westlichen Zivilisation ausgeklügelte – zu glauben, daß Worte *isoliert* einen Sinn hätten.

Um dies zu illustrieren, sei als amüsantes Beispiel die Geschichte eines Forschers geschildert, der sich für die Sprache nordamerikanischer Indianerstämme interessierte. Er forderte einen Indianer auf, den folgenden Satz in seine Sprache zu übersetzen: »Der weiße Mann schoß heute sechs Bären.« Der Indianer antwortete, das sei ihm unmöglich. Irritiert bat ihn der Forscher, ihm das zu erklären. »Wie kann ich das tun?« entgegnete der Indianer. »Kein weißer Mann könnte sechs Bären an einem Tag schießen.«

Donaldsons Kommentar: »Für westliche Erwachsene und besonders westliche erwachsene Linguisten sind Sprachen formale Systeme. Ein formales System kann in formaler Weise manipuliert werden. Es ist leicht, aber gefährlich, daraus abzuleiten, daß es auch in formaler Weise gelernt wird.«

Chomskys LAD ist ein formaler Datenprozessor. Nach Donaldsons Beobachtungen funktioniert er zu automatisch und zu mechanisch, in gewisser Weise kalt und unmenschlich. »Das lebendige Kind« habe damit wenig zu schaffen. Schließlich fließe warmes Blut in seinen Adern.

Kinder denken anders, »menschlicher« als Erwachsene

Wenn zwei mit Sprache umgehen, so ist das nicht das gleiche. Als Erwachsene erleben wir das immer wieder. Wir haben etwas ganz genau erklärt, unser Gesprächspartner stimmt uns eifrig zu, und dann wiederholt oder faßt er sehr zu unserem Erstaunen zusammen, was wir angeblich gesagt haben: Es ist etwas ganz anderes.

Zwischen Kindern und Erwachsenen sind die sprachlichen Mißverständnisse noch vielfältiger. Kinder interpretieren unsere Äußerungen oft ganz anders, als wir es uns vorgestellt haben. Wenn sie darauf in ihrer Weise antworten, meinen wir oft, sie könnten nicht logisch denken, und belächeln die kleinen Dummchen. Piaget hat aus solchen Antworten gelegentlich geschlossen, Kinder unter sieben oder acht Jahren seien nicht fähig, von sich selber abzusehen, sie könnten nicht »dezentriert« denken. Die Dummen sind in Wahrheit oft wir, weil wir selber nicht dezentriert denken und die kindliche Logik nicht kapieren. Zwei kleine Beispiele:

Am Strand in Südfrankreich spielt neben mir ein etwa vierjähriges Mädchen, Cindy. Sie reiht vor sich fünf in Goldpapier eingewickelte Schokoladenkuchen auf, von oben nach unten. Dann zählt sie, auch von oben nach unten, indem sie bei jeder Zahl auf einen Kuchen tippt: Eins, zwei, drei, vier, fünf. Fünf liegt ihr am nächsten. Sie ißt ihn auf. Die Mutter hat zugeschaut. »Na, was fehlt jetzt?« fragt sie.

(Auf französisch: Qu'est-ce qui manque?) Cindy überlegt einen Moment, dann antwortet sie: »Fünf«. »Du Dummchen«, sagt die Mutter. »Zähl noch einmal.« Cindy zählt: »Eins, zwei, drei, vier.« – »Na also, was fehlt?« – »Fünf!« ruft Cindy. »Cindy hat recht«, mische ich mich nun ein. Natürlich hatte ich mich zunächst ebenso gewundert wie die Mutter. Aber dann erschien mir die Sache doch ganz einleuchtend. Cindy hatte jedes Stück Kuchen zählend sozusagen mit einem Namen versehen. Der letzte hieß Fünf. Und Fünf war in ihrem Bauch verschwunden. Also hatte sie recht. Es gibt Gründe anzunehmen, daß ein Vorschulkind die Bezeichnung eines Gegenstands als gleichwertig mit seinem Gewicht oder seiner Farbe ansieht, daß er also etwas ist, das zu ihm gehört, ein Attribut unter anderen.

Ganz anders ein kurzes Gespräch mit der viereinhalbjährigen Annabelle, mit der ich mich bei meinem täglichen Cafébesuch auf einem Dorfplatz angefreundet hatte. Eines Vormittags zeigt sie mir freudestrahlend Fotos von der Hochzeit einer Cousine, bei der sie Blumen gestreut hatte. »Wann war denn die Hochzeit?« frage ich und denke, sie wird so etwas antworten wie »vorige Woche«. Sie jedoch sagt viel präziser und mit einer nur Kindern eigenen Logik: »Am Hochzeitstag.« Manchmal sind Kinder eben kompetenter und logischer als wir.

In die Falle sprachlicher Mißverständnisse sind sogar so sensible und erfahrene Beobachter von Kindern wie Piaget gegangen. Sie haben Fragen oder Aufgaben gestellt, die für Kinder einfach keinen Sinn machten – und daraus falsche Schlüsse über deren geistige Fähigkeiten gezogen.

Ein Beispiel von Piaget, das für ihn zu erweisen schien, Kinder unter sieben seien nicht in der Lage, sich an die Stelle anderer zu versetzen, also dezentriert zu denken: Er benutzte zu seinem Test ein Holzmodell dreier Berge, die auf einer Tischplatte aufgebaut waren. Die Berge unterschieden sich voneinander durch verschiedene Färbungen, Schnee auf einem, ein Haus auf dem anderen und ein Kreuz auf dem dritten. Nun wurde das Kind an eine Seite des Tischs gesetzt, und der Beobachter ließ eine kleine Puppe einen anderen Platz als das Kind einnehmen. Er fragte das Kind: Was sieht die Puppe? Da es für ein Kind schwierig wäre, das Arrangement zu beschreiben, zeigte man ihm zehn verschiedene Ansichten des Bergmodells aus zehn verschiedenen Blickwinkeln. Es sollte nun auswählen, was die Puppe gerade sah. Oder man gab ihm zur Lösung seiner Aufgabe drei Pappberge (mit Schnee, Haus und Kreuz) und bat es, sie nun so aufzubauen, daß sie den Blickwinkel der Puppe wiedergaben. Es zeigte sich, daß Kinder bis acht oder sogar neun Jahren dazu nicht in der Lage waren. Und diejenigen, die jünger als sieben oder sechs waren, wählten sogar die Ansicht, die sie selber hatten.[9]

Andere Forscher wollten sich mit diesem Resultat nicht zufriedengeben und stellten Kindern derselben Altersstufe eine im Sinn gleiche Aufgabe, jedoch an einem Modell, das für sie verständlicher war als das Gebirgsmodell. Sie benutzten zwei Pappwände, die sich kreuzten, so daß vier Sektionen entstanden. Sie ließen nun zwei kleine Figuren agieren. Die eine war ein Polizist, die andere ein kleiner Junge. Es ging darum, daß sich der kleine Junge, der Dummheiten gemacht hatte, vor dem Polizisten verstecken sollte. Der Junge wurde in jeweils einer Sektion untergebracht und der Polizist so postiert, daß er immer zwei Sektionen einsehen konnte. Das Kind wurde im Spiel nach und nach an die Aufgabe herangeführt, bis es sie begriffen hatte. Die Ergebnisse waren überraschend: 90 Prozent der getesteten Kinder zwischen dreieinhalb und fünf Jahren gaben völlig richtige Antworten. Die Aufgabe wurde mehrmals mit verschiedener Anordnung der Figuren wiederholt, jedesmal mit dem gleichen Resultat. Die Kinder konnten sich also durchaus an die Stelle des Polizisten und auch die des kleinen Jungen versetzen. Die Forscher erklärten es damit, daß die Kinder das Gebirgsmodell in seiner Komplexität und die damit verbundene Aufgabe einfach nicht verstanden hatten. Sie meinten, auch Erwachsene könnten Schwierigkeiten haben, sie zufriedenstellend zu bewältigen. Die Geschichte mit dem kleinen Jungen dagegen knüpfte an ihre eigenen Erfahrungen an. Daß ein Kind sich vor jemandem verstecken will, weil es etwas Dummes getan hat, war ihnen durchaus geläufig. Sie waren *motiviert*, dem Jungen zu helfen.

Daß schon Kinder unter vier Jahren sich Dinge auch aus der Sicht eines anderen vorstellen können, erlebte ich kürzlich im Gespräch mit einem kleinen Mädchen, Marine. Sie konnte gar nicht genug bekommen von den Oliven, die ihre Mutter uns zum Aperitif anbot. Als sie einen Kern besonders lange im Mund hin und her wendete, fragte ich sie, was das sei. Sie nahm den Kern heraus, hielt ihn mir hin und sagte: »Ein Kern.« – »Nein«, antwortete ich, »das stimmt nicht. Es ist sicher ein Bonbon!« Marine protestierte heftig. Ich blieb bei meiner Aussage. So ging es ein paarmal hin und her. Plötzlich sagte sie: »Sieh mal, es ist doch kein Bonbon, denn ich kann ihn nicht zerbeißen. Es ist also ein Kern.« – »Nein«, beharrte ich, »es ist kein Kern, es ist ein Stein.« Sie überlegte eine Weile. Dann nahm sie eine Olive, zeigte sie mir und biß eine Hälfte ab. Der Kern ragte halb heraus. »Siehst du, es ist doch ein Olivenkern«, triumphierte sie. Ich gab mich geschlagen.

Ich fand, daß sie hervorragend und erfinderisch ihre Sache vertrat. Sie hatte sich dabei zweimal bereit erklärt, meinen Standpunkt mit dem Bonbon und dem Stein einzunehmen, um ihn beide Male zu widerlegen. Und sie bewies, daß sie »deduktiv«, also ableitend, argumentieren konnte: wenn – dann; eine Fähigkeit, die Psychologen noch in den sechziger Jahren Kindern im Vorschulalter nicht zutrauten. *Wenn* sich das ovale Ding nicht zerbeißen ließ, *dann* konnte es kein Bonbon sein; und *wenn* es in einer intakten Olive steckte, konnte es auch kein Stein sein, sondern *dann* mußte es ein Olivenkern sein.

Übrigens legte auch Marine ihre Olivenkerne wie das Kind am Strand seine Kuchen in eine vertikale Reihe und kam, als ich einen der Kerne wegnahm, zu einem ähnlichem Resultat wie die kleine Cindy. Ihr fehlte ebenfalls nicht einer, sagte sie, sondern »Acht« (Nummer acht), denn es waren acht Kerne.

Solche kleinen Beobachtungen können uns helfen, die

kindlichen Kompetenzen besser einzuschätzen. Außerdem macht es Spaß, sich seinerseits einmal an die Stelle des Kindes zu versetzen und selber »dezentriert« zu denken. Eltern tun das, viel besser als Pädagogen und Psychologen, jeden Tag x-mal. Daß es nicht immer gelingt, ist dabei keineswegs verwunderlich, denn manchmal kommt es auf Nuancen an. Und es erfordert Zeit, sich geduldig im Gespräch auf ein Kind einzulassen.

Wir gehen leicht in die Falle von Mißverständnissen

Am besten begreifen wir es, wenn wir uns gelegentlich die Kommunikations-Irrtümer von Erwachsenen vor Augen führen. Keiner, nicht einmal erfahrene Psychologen, ist davor sicher, wie wir bereits gezeigt haben. Noch ein Beispiel also.

Piaget zeigte Kindern Blumen: drei rote und zwei weiße. Er fragte sie dann, ob sie mehr *rote* Blumen oder mehr *Blumen* sähen. Die häufigste Antwort der etwa Fünfjährigen war: mehr rote Blumen. Piaget meinte, Kinder dieses Alters könnten noch nicht die Beziehung von einer Oberklasse von Objekten – Blumen – zu ihren Unterklassen – rote oder weiße Blumen – herstellen. Es wäre erforderlich, zu begreifen, daß sich in der Oberklasse notwendigerweise mehr Objekte befinden müßten.

Die Frage ist nur: Ist es das, was die Kinder noch nicht begreifen, oder begreifen sie die Frage nicht? Ich finde, sie müßte auch einen Erwachsenen verblüffen. Wenn uns jemand so fragte, würden wir meinen, er wolle uns für dumm verkaufen. Denn wenn wir nach Objekten gefragt werden, die ausdrücklich mit einem Adjektiv versehen werden – »rote Blumen« –, und da auch noch weiße sind, erwarten wir eine Frage, die einen Vergleich mit den anderen, durch ein Adjektiv ausgezeichneten Objekten – »weiße Blumen« – beinhaltet. So etwa dachte ein anderer Wissenschaftler, James McGarrigle. Er wollte der Sache noch einmal auf den Grund gehen.[10] Für ein Kind (und eigentlich eben auch für einen Erwachsenen) macht eine solche Frage nur einen Sinn, wenn es die zwei Unterklassen – also die roten und die weißen Blumen – miteinander vergleichen soll.

McGarrigle bot die Aufgabe noch einmal anders dar. Er benutzte diesmal vier Spielzeugkühe, drei schwarze und eine weiße. Nachdem er sie alle auf die Seite hingelegt hatte, erklärte er den Kindern: »Die Kühe schlafen.« Er fragte nun die durchschnittlich Sechsjährigen: »Sind hier mehr schwarze oder schlafende Kühe?« Etwa die Hälfte antwortete korrekt. Alles, was sich an seiner Aufgabe von dem Blumenbeispiel unterschied, war ein Wort. Die Einführung von »schlafend« hob die gesamte Gruppe (aller Kühe) stärker hervor. Die Kinder verstanden so die Frage besser. Eine Reihe weiterer ähnlicher Aufgaben führte zu einem vergleichbaren Ergebnis.

Die Kinder wurden gelegentlich aufgefordert, mit ihren Worten die Fragen zu wiederholen. Häufig zeigte sich, daß dabei eine ganz *andere* Frage herauskam. »Die Intention der Kinder stimmte nicht mit der Absicht des Experimentators [des testenden Psychologen] überein«, erklärt M. Donaldson. Sie ist überzeugt, die Kinder hätten nicht gewußt, was der Psychologe meinte. »Man ist versucht zu sagen, sie schienen nicht genau zu wissen, was die Sprache bedeutete.« Und sie schließt daraus, daß es da noch etwas anderes als die Regeln der Sprache geben müsse, was ihre Interpretation, ihr Verständnis beeinflußte. Etwas, das mit der Erwartung des Kindes, die Frage betreffend, zu tun hatte. Und diese Erwartung wiederum schien etwas mit dem Material zu tun zu haben, das bei den Experimenten benutzt wurde.

Auf keinen Fall sollten wir aus dem Verhalten der Kinder schließen, daß sie etwa nicht genau zugehört hätten, schließlich hatten sie auf die Hinzufügung oder das Weglassen eines einzigen Adjektivs sensibel reagiert.[11]

Eltern verstehen ihre Kinder am besten

Es scheint offensichtlich: Für Kinder müssen unsere Fragen oder Aussagen nicht nur sprachlich in Ordnung sein, sondern auch sozusagen »außersprachlich«, über die Sprache hinaus, einen Sinn ergeben. Das heißt nicht, daß Vorschulkinder nicht abstrahieren können. Nur, Dinge und Worte, Situationen und Sprache haben eine noch engere Zusammengehörigkeit als bei Erwachsenen. Erinnern wir uns an die oben geschilderten Gesprächsbeispiele mit Vorschulkindern.

Eltern könnten jetzt denken, ihre Kompetenzen müßten nun doch versagen, das alles würden sie nicht im Kopf behalten und berücksichtigen, wenn sie mit ihrem Kind zusammen sind. Das sollen sie auch um Gottes willen nicht! Denn genau das, was hier erklärt wird, können sie viel besser als jeder Lehrer und jeder Kinder testende Psychologe. Ich denke, wir haben hinlänglich gezeigt, wie psychologisch ausgeklügelte Tests gelegentlich versagen und zu ganz falschen Schlüssen verführen.

Die Eltern haben vor allem den großen Vorteil, ihr Kind ganz genau zu kennen. Sie verstehen, was andere nicht verstehen. Und manchmal denken diese anderen insgeheim, wenn die Mutter von ihrem Baby oder Kleinkind und von dem, was es schon alles begreift, erzählt, sie übertreibe ein wenig. Es ist für Fremde einfach nicht offensichtlich. Nur Eltern haben die Fähigkeit, ganz natürlich in das viel konkretere Sprachverständnis und den Sprachgebrauch ihrer Kinder »einzusteigen«.

Noch einmal ein Beispiel aus meiner eigenen Elterngeschichte. Obwohl es fast 30 Jahre her ist, erinnere ich mich, als wäre es gestern gewesen, noch an das mitleidig abwertende Lächeln oder »verständnisvolle« Schweigen von Leuten, mit denen ich mich über meine damals etwa zweieinhalb Jahre alte Tochter unterhielt. »Spricht sie denn schon?« fragte man mich damals mit ungläubigem Unterton. Nach einer Operation hatte sie eine Art Lähmung im Mund zurückbehalten. Es gelang ihr darum nur schwer, Laute oder gar Worte deutlich zu artikulieren. Da ich im Umgang mit ihr besonders aufmerksam war, hatte ich bemerkt, daß sie nicht nur ziemlich früh gut verstand, was man zu ihr oder in ihrer Gegenwart sagte, sondern daß sie auch in ganz erstaunlicher Weise ihre mühseligen eigenen Sprachversuche strukturierte. Mit anderen Worten: Sie formulierte richtige kleine Sätze, wenn auch mit schlecht verständlichen Lauten. Nur deshalb konnte ich sie meistens überhaupt verstehen. Und sie wurde wegen ihrer Schwierigkeiten bald ungeheuer erfinderisch, Dinge auf verschiedene Weise auszudrücken und sie mit demonstrativen Handlungen zu begleiten, um schließlich doch verstanden zu werden. Wenn es auf Anhieb nicht klappte, was leider meist der Fall war, gab sie nicht auf, sondern versuchte es anders.

All das führte dazu, daß ihre »Sprache« eher reicher wurde, als es bei Kindern in diesem Alter sonst üblich ist. Für sie war es einfach schlichte Notwendigkeit, sich besser auszudrücken. Nur, was die anderen davon verstanden, stand in krassem Gegensatz zu diesen Fähigkeiten. So wurde dann meine Antwort auf die Frage, ob sie »denn schon sprechen« könne, entsprechend beurteilt. »Sicher kann sie sprechen«, sagte ich. »Und ich würde sie nicht verstehen können, wenn sie nicht schon vollständige Sätze bildete. Eigentlich versuche ich immer, aus dem Zusammenhang und den von mir verstandenen Satzelementen auf den Rest zu schließen.« Was meine Gesprächspartner dachten, war ihnen deutlich ins Gesicht geschrieben. Es bedeutete so etwas wie: »typisch Mutter«.

Gewiß, manchmal versagt auch die Einfühlung der Eltern in die Sprache ihrer Kinder. Meist geschieht dies jedoch nicht aus Mangel an Kompetenz, sondern einfach, weil sie keine Zeit haben oder ihre Aufmerksamkeit von etwas anderem zu sehr in Anspruch genommen ist. Wir wollen hier nicht auf die Probleme mit wahrnehmungsgestörten und behinderten Kindern eingehen, weil es den Rahmen dieses Buches sprengen würde.

Es geht darum, was das Kind meint

Vielleicht hätten Leute, die nichts anderes als Eltern sind, nicht die Umwege bei der Spracherforschung von Kindern eingeschlagen wie gelegentlich die Wissenschaftler, wobei diese die Sprache oft zu sehr aus ihrem Handlungszusammenhang herausgelöst betrachtet haben. Man beschäftigte sich lange (siehe die auf Seite 159 f. beschriebene erste Theorie) und intensiv damit, Worte und Sprachelemente zu sammeln, um daraus abzuleiten, welche grammatischen Regeln das Kind wohl zu irgendeinem Zeitpunkt seiner Entwicklung benutzte.

Erstaunlicherweise interessierten sich die Sprachexperten weniger dafür, was das Kind wohl ausdrücken wollte, wenn es etwas sagte. Was es eigentlich meinte. Und noch geringere Aufmerksamkeit widmeten sie der Frage, wie das Kind wohl die Worte und Sätze der anderen, vor allem der Erwachsenen, verstand.

Man ging einfach davon aus, daß Verstehen vor Handeln und Produzieren, vor »Machen« stand. Aber was heißt denn Verstehen? Da müssen wir doch zuerst fragen:

Versteht nicht das Kind die Worte Erwachsener in der Bedeutung, die sie in seiner eigenen Sprache haben? Und zweitens: Mag es nicht trotzdem gelegentlich im und aus dem *Zusammenhang* verstehen, was der Erwachsene von ihm will?

Verstehen ist also keinesfalls eine Sache von »alles oder nichts«. Auch für uns Erwachsene untereinander nicht: Entweder ich verstehe oder ich verstehe nicht. Als ob es dazwischen nichts gäbe. Das Verstehen von Wortbedeutungen braucht eine ganze Entwicklung. Worte verändern ihren Sinn in verschiedenen Zusammenhängen. Und daß man ein Wort einmal richtig interpretiert hat, heißt nicht, daß man es bei einer anderen Gelegenheit auch richtig erfaßt. Der Prozeß, in dem sich unser Verständnis für Gesprochenes entwickelt, besteht nicht einfach im seriellen Addieren einer Wortbedeutung zu einer anderen (ähnlich wie beim Pauken von Vokabeln). Es geht darum, daß alles immer wieder einen Sinn macht. Darum ist es so ungeheuer wichtig, daß der Kontext unsere Sprache unterstützt und nicht, wie es häufig geschieht, sie widerlegt oder in Frage stellt. Kurz: *Die Worte müssen mit den Handlungen und Situationen harmonieren.*

Wenn das Kind zur Schule kommt

Das alles erhält noch einmal eine besondere Bedeutung, wenn ein Kind zur Schule kommt. Es zeigt sich, daß Lehrer und Lernprogramme oft von falschen Voraussetzungen ausgehen. Das Kind hat zu diesem Zeitpunkt meist noch keine bewußte Vorstellung von Sprache. In Familien ist Sprache im allgemeinen kein Thema. Man spricht *mit* Worten, aber nur ganz selten *über* Worte. Wenn Kinder eingeschult werden, haben sie meist noch keine oder eine sehr nebelhafte Vorstellung davon, was das Wort »Wort« bedeutet.[12] Oft wissen sie auch nicht recht, was »Lesen« eigentlich ist, daß die schwarzen Zeichen auf einer Buchseite Worten entsprechen, die sie zu hören gewohnt sind, oder daß die Geschichte, die soeben erzählt wird, aus einzelnen Worten besteht. Meistens können sie heute früher mit Computern umgehen als begreifen, was ein Wort oder was Lesen ist.

So beziehen sich die Fragen, die Kinder zu einem Text stellen, selten auf die Bedeutung von Worten, dagegen fast immer auf den Sinn der Geschichte oder die Absicht einer dargestellten Person.

Mit dem Eintritt in die Schule beginnt für das Kind ein ganz anderer, bewußterer Umgang mit Sprache. Er ist notwendig. Jedoch an dieses *bewußtere* Handhaben von Worten und Sätzen muß es von einfühlsamen und einfallsreichen Lehrern erst herangeführt werden. Lehrer, die Kinder in diesem Alter unterrichten, tragen zu einer wirklich *prinzipiellen* Wandlung im Geist ihrer Anbefohlenen bei. Ihre Aufgabe scheint mir verantwortungsvoller zu sein als alle pädagogischen Bemühungen der darauf aufbauenden Jahre. Die Pädagogen lösen jetzt zum Teil die Eltern ab. Es ist bedauerlich, daß diese so wichtige Arbeit – die der Eltern ebenso wie jene der Grundschullehrer – nicht auch eine dementsprechende Anerkennung erfährt.

Es geht also darum, daß das Kind sich der Sprache bewußt wird. Ein bißchen mag es das erleben wie die Vertreibung aus dem Paradies der Unschuld. Wenn das Kind dabei gut geführt und nicht durch häufige Mißverständnisse seiner Fähigkeiten und eine Fehleinschätzung seiner Art zu denken und Sprache zu verstehen von Anfang an frustriert wird, dann ist es jedoch ein wenig, als bekomme es nun Flügel. Denn der neue Gebrauch der Sprache ist eine Art Befreiung des Geistes und der Phantasie. Er bedeutet – mehr als alles andere – sich seiner selbst bewußt zu werden, neu bewußt zu werden. Vorher »wußte« es natürlich schon, wer und wie es war. Es hatte im engen Umgang namentlich mit der Mutter und dem Vater ein »unbewußtes Bild« seines Körpers und seines Wesens entwickelt.

Der Spaß am Lernen kommt aus dem Erfolg

Sich der Sprache bewußt zu werden, zu begreifen, wie sich verschiedene Sprachelemente benutzen lassen, bedeutet, seine Sprache zu kontrollieren. Bisher hat das Kleinkind Sprache und Denken nach außen gerichtet eingesetzt, es hat mit ihnen in einer realen, außerhalb existierenden Welt »Dinge mit Worten getan« – es hat gespielt, sich mit der Mutter, dem Vater oder den Geschwistern vergnügt, hat Wünsche und Forderungen ausgedrückt. Jetzt wird etwas ganz Neues von ihm verlangt: nämlich, daß es Sprache und Denken in seinem Inneren bewegt, daß es sie selber bewußt beeinflußt. »Es muß jetzt fähig werden, nicht nur zu sprechen, sondern zu *wählen*, was es sagen will; nicht mehr nur zu interpretieren, sondern mögliche Interpretationen gegeneinander *abzuwägen*.«[13]

Wie dieser Prozeß des »Selbst-bewußt-Werdens« abläuft, wie das Kind ihn nach und nach entwickelt, wissen wir noch nicht genau. Mit Sicherheit aber wissen wir, daß Kinder sich den damit verbundenen Aufgaben kontrollierter Handlungen dann am liebsten widmen, daß sie am meisten Spaß daran haben, wenn ihre Bemühungen von Erfolg gekrönt werden – jedoch nicht etwa, wie wir oft annehmen, weil man sie dafür belohnt.

Das zeigt sich schon bei Babys, wie Hanuš Papoušek beobachtete. Er hatte herausgefunden, daß vier Monate alte Säuglinge lernten, ihren Kopf nach rechts oder links zu drehen, um damit ein Arrangement von Lichtern anzuknipsen. Sie konnten sogar ziemlich komplexe Sequenzen lernen, um das gewünschte Resultat zu erzielen: zum Beispiel den Kopf abwechselnd nach links und rechts zu drehen oder, noch komplizierter, ihn zweimal nach links und dann zweimal nach rechts zu wenden. Sie brachten es auf drei aufeinanderfolgende Kopfdrehungen nach links und dann nach rechts (oder umgekehrt). Der Münchener

Forscher hatte das Lichter-Display direkt vor den Kindern angebracht. Wenn die Lichter angingen, lächelten die Babys und stießen kleine Freudenlaute aus. Deshalb erwartete der Wissenschaftler, daß sie bei jedem Versuch noch einmal zurück und genauer auf die Lichter blicken würden. Manchmal taten sie das jedoch nicht, obwohl sie trotzdem alle Anzeichen von Vergnügen zeigten. Papoušek schloß daraus – und viele andere Beobachtungen stützen seine Vermutung –, daß ihr Spaß an der Sache nicht in erster Linie vom Anblick der Lichter herrührte, sondern daher, daß sie eine Aufgabe erfolgreich gelöst hatten.

Schon in seinen allerersten Versuchen mit wenige Wochen alten Babys, die für ein bestimmtes Kopfdrehen nach einer Seite mit Milch belohnt wurden, hatte er das gleiche festgestellt. Die Babys machten mit dem gleichen Vergnügen weiter, auch wenn sie völlig satt waren und überhaupt keine Lust mehr auf Milch hatten.

Jerome Bruner schloß aus solchen Beobachtungen: *»Wir interessieren uns für Dinge, in denen wir gut sind.«*[14] (eigentlich: »gut werden«, Anmerkung der Autorin). Ein Satz, der sich über jedem Schultor gut ausnehmen würde.

Auch bei Schulanfängern erwies sich, daß es nicht Belohnungen wie Preise oder Zensuren sind, die zum Lösen von Aufgaben motivieren. Diese Auszeichnungen ließen, wie einige Untersuchungen zeigten, sogar den Eifer erlahmen; man ruhte sich sozusagen auf seinen Lorbeeren aus. Anders dagegen war es mit verbalen Ermutigungen und Lob vom Lehrer. Beides feuerte die Kinder an, mit dem gleichen oder sogar noch mehr Eifer weiterzumachen. Die wichtigste Motivation zog das Kind jedoch offenbar aus dem Erfolg der eigenen Arbeit.

Wir lernen daraus, daß es für die Zukunft eines Kindes – und nicht nur für seine Leistung in der Schule – von besonderer Bedeutung ist, daß wir es gut an Aufgaben heranführen. Daß es sie zunächst verstanden haben muß (anders als bei den auf den Seiten 167 f. und 170 beschriebenen Testaufgaben mit den Bergen oder Blumen), daß wir uns dessen vergewissern müssen, bevor wir es an die Arbeit gehen lassen. Sonst hat es kaum eine Chance auf Erfolg, und die Motivation, weiterzulernen, bleibt aus.

Papoušek demonstrierte mit seinem Versuch, daß schon Babys eine gewisse Vorstellung von der Welt in sich tragen. Sie zeigen Zufriedenheit, wenn die Vorstellung mit der wirklichen Welt übereinstimmt, Unzufriedenheit und Enttäuschung dagegen, wenn das erwartete Resultat nicht eintritt, wenn also die Lichter nicht angehen. Es ist nicht die »Belohnung« durch die vergnüglichen Lichter, die zählt, sondern der Erfolg, der ihrer Erwartung entspricht.

Die entscheidende Rolle von Eltern und Lehrern

Wir verstehen hier vielleicht noch einmal besser, warum es am Lebensanfang in der ersten Beziehung, die sich zwischen Mutter (Eltern) und Kind entwickelt, so sehr auf *Vorhersehbarkeit* und *Verläßlichkeit* ankommt. Hundert-

mal am Tag erlebt das Baby, daß seine kleinen Appelle, sein
Schreien, seine Mimik, seine Laute, seine Aufforderungen
zum Spiel Erfolg haben. Es braucht die wiederholte Erfahrung, daß seine Erwartung sich bestätigt, daß die Mutter
(der Vater) sich auf ein bestimmtes Zeichen hin so oder so
verhalten wird. Wir begreifen noch einmal anders, wie das
»innere Arbeitsmodell« entsteht und welche außerordentliche Bedeutung es als Basis aller späteren Kompetenzen
für ein Kind hat.

In der Entwicklungsphase, in der Sprache zunehmend
beherrscht und allmählich abwägend bewußter eingesetzt
wird, erweist dieses in den ersten Lebenswochen und Monaten entwickelte »innere Arbeitsmodell« auf einem höheren Niveau erneut seine Wirksamkeit.

Und da wir hier über die »natürlichen« Kompetenzen
von Eltern und Kindern sprechen, unterstreichen wir auch
an dieser Stelle noch einmal, daß dies alles nur erreicht
werden kann, weil das intuitive »Zusammenspiel«, die intuitive Zusammenarbeit des Teams Kind-Eltern am Lebensanfang des Babys so fein abgestimmt war.

Die Eltern haben in dieser »Arbeit« übrigens wie die
eben erwähnten Kinder ihre Motivation einzig und allein
aus ihren vielen kleinen und großen Erfolgen gezogen.
Niemand hat sie belohnt.

Hilf mir, es selber zu tun!

Die bewußtere Art und Weise, in der das Kind allmählich mit Denken und Sprache umgeht, bringt noch etwas anderes Neues mit sich: Wenn es wie oben beschrieben behutsam an seine Aufgaben herangeführt worden ist, wenn sich seine Lehrer wirklich darum bemüht haben, daß es versteht, was man von ihm verlangt, dann wird es jetzt fast magisch angezogen von Herausforderungen. Schon als Kleinkind wollte es »allein machen«. Jetzt aber *sucht* es geradezu – in einer positiven, aktiven Weise – schwierige Aufgaben. Es versucht, Vorstellung und Wirklichkeit in Übereinstimmung zu bringen, auch wenn (oder gerade weil) dies nicht auf Anhieb Erfolg verspricht oder wenn er einmal ausbleibt.

So verhalten sich Kinder, die in der vorangegangenen »Kooperation« mit den Eltern und beim Schulbeginn mit den Lehrern Vertrauen in sich selber gewinnen konnten. Sie entwickeln »Frustrationstoleranz« und behalten ihr Selbstvertrauen auch bei gelegentlichen Mißerfolgen, vor allem dann, wenn man sie ihren Fehler selber finden läßt.

Manche jedoch konnten das nicht. Es sind eben diejenigen, die sich aus ihrer Kleinkindzeit wie aus dem Paradies vertrieben fühlen, die zum ersten Mal die Erfahrung machen, daß man sie »dumm« schilt. Sie reagieren auf schwierigere Aufgaben, deren Lösung ihnen nicht auf Anhieb gelingt, mit Rückzug. Wir alle tun das gelegentlich, wenn wir nicht wahrhaben wollen, daß wir unrecht haben oder etwas falsch machen. Kinder hängen jedoch stärker als Erwachsene vom Urteil und der Einschätzung der anderen ab. Es ist wichtig, daß sie nun erfahren, daß sie weder dumm noch minderwertig sind, weil sie eine Aufgabe nicht gleich lösen können. Ihnen jetzt die Erfahrung zu verschaffen, daß wir sie unterstützen, wenn sie sich selber aus der Schwierigkeit helfen, kann ihre spätere Lernbereitschaft entscheidend beeinflussen. Maria Montessori prägte dafür den Leitsatz: »Hilf mir, es selber zu tun!« Daß einer mir hilft, selber, allein etwas zu machen, setzt allerdings voraus, daß ich in seinen Augen »etwas wert« bin.

Der ganze hier skizzenhaft geschilderte Weg des bewußteren Umgangs mit Denken und Sprache wird unter günstigen Bedingungen dazu führen, daß das Kind schließlich in der eigenen Einschätzung seines Wertes und seiner Fähigkeiten immer unabhängiger vom Urteil der anderen wird. Das wäre das Ziel.

Und noch einmal an die Adresse der Eltern: Sie brauchen keine Ratschläge, wie sie am Lebensanfang Sprachentwicklung am besten fördern. Ihr intuitiver, feinfühliger Umgang mit ihrem Kind bietet in tausendfacher, oft außersprachlicher Form die Voraussetzung für diese Entwicklung. Ohne die gemeinsame Choreographie von Baby und Eltern (Bezugspersonen) bis in die winzigsten Verhaltensäußerungen hinein, ohne diesen tänzerischen Dialog, mal vom einen, mal vom anderen in Gang gebracht – mit Lust oder Unlust, Vergnügen oder Sorge –, gäbe es kein »inneres Arbeitsmodell«. Es fehlte die Basis.

7

Eintritt in die Welt der Gefühle

Was machen Babys, wenn der Tag lang ist? Was machen sie zwischen ihren Schlafzeiten und ihren Nickerchen? Vieles davon haben wir in den vorangegangenen Kapiteln beschrieben. Vor allem nehmen sie die Welt mit all ihren Sinnen auf, sie saugen gleichsam über sämtliche Kanäle Informationen ein über das, was sie umgibt. Sie erproben ihre Stimme, sie spielen mit ihren Händchen, mit ihren Füßen, mit herabhängendem Spielzeug. Sie schauen sich mit großen, ernsten Augen um. Sie »rufen« die Mutter (Bezugsperson) herbei, mit Schreien, Weinen, Quengeln – mit all den Bindungssignalen, die ihnen zur Verfügung stehen –, aber auch mit Jauchzen und Lachen. Sie wollen Nahrung, Trockenheit, Wärme, vor allem aber alles, was liebevoll und unterhaltsam ist: Streicheln, Tragen, Anschauen, mimische Spiele, Spiele mit Fingern, Händen, dem ganzen Körper und Dialoge mit Lauten. Wenn es nach ihnen ginge, würden sie die ganze Zeit damit verbringen.

Das Leben eines Säuglings habe »einen durch und durch

sozialen Charakter, so daß die meisten Dinge, die er tut,
fühlt und wahrnimmt, sich in verschiedenartigen Formen
sozialer Beziehungen abspielen«, schreibt der Kinderarzt
und -analytiker Daniel Stern.[1]

Sie sind für das Baby ebenso wichtig wie Nahrung.
Das ganze intuitive, soziale Beziehungszusammenspiel
ist sogar so wichtig, daß ein Baby bereits am Lebensanfang die Fähigkeit hat, seine Mutter herbeizuzaubern. Es
vermag offenbar schon so etwas wie Imagination einzusetzen, um sich mit einer Windel oder einem Finger »ein
bißchen Mutter« an oder in seinem Mund zu verschaffen.
Der Daumen, der Stoffzipfel, das Plüschtier, an denen es
nuckelt oder seine Nase reibt, sind so etwas wie ein »Ersatz« der Abwesenden. Sie sind kein Ersatz für Nahrung.
Kinderspezialisten wie Stern und Winnicott sehen darin
eine Leistung der Phantasie. Stern spricht von realen und
evozierten (in Gedanken, in der Vorstellung herbeigeru-
fenen) Partnern. Woher kann das Baby das? Niemand hat
es ihm gezeigt. Es bringt diese Fähigkeit offenbar mit auf
die Welt oder entwickelt sie sogleich. Erst später erfindet
die Mutter solche Phantasiespiele mit dem Kind. Sie läßt
Stofftiere und Puppen als lebende Wesen, mit menschlichen Gefühlen agieren.

Winnicott hat diese Objekte »Übergangsobjekte« genannt.[2] Sie führen ihr fast märchenhaftes Leben zwischen
den realen Beziehungspartnern Mutter und Kind. Sie können ein Band zwischen beiden knüpfen, eine Verbindung,
wenn einer dem anderen fehlt. Sie sind »Mittler«, denn
sie vermitteln positives Gefühl, wenn das Baby Disstreß

(Kummer, Unwohlsein) empfindet. Darum sind sie ein bißchen Ersatz und Trost für das Kind.

So können schon wenige Wochen alte Babys mit Alleinsein umgehen. Eine erstaunliche Kompetenz. Sie setzt allerdings, vergessen wir das nicht, Vertrauen voraus, das Wissen, die Erinnerung (auch eine frühe Fähigkeit!), daß da eine Mutter ist, die immer wiederkommt, auf die man sich verlassen kann, die lachen wird, wenn man sie anlacht, und die trösten wird, wenn man weint.

Zwischen dem Baby und der Mutter (der Bezugsperson) baut sich von Anfang an etwas auf, das, obwohl es nicht aus Materie besteht, sich als merkwürdig konsistent, haltbar erweist. Es ist wie eine magische Brücke. Sie bleibt intakt, sogar wenn die Mutter fort ist. Das Material, die Substanz, aus dem diese Brücke von beiden errichtet wird, sind vor allem Gefühle.

Das Herz sprechen lassen

Bewußtsein brauchen wir für die anderen, erklärt uns der englische Neurophysiologe Christopher Frith. Das gleiche können wir von Gefühlen sagen. Wir brauchen Gefühle für die anderen. Um mit ihnen umgehen, sie verstehen zu können. Gewiß, manchmal brauchen wir Gefühle auch, um blitzschnell, »vorbewußt« reagieren zu können. Bei einer Gefahr beispielsweise mit Flucht. Aber das gehört mehr in die Geschichte unserer Säugetiervorfahren. Für uns Menschen haben Gefühle ebenso wie Bewußtsein überwiegend eine soziale Funktion. Damit sichern sie letztlich unser Überleben.

Beide, Bewußtsein und Gefühle, haben mehr miteinander zu tun, als wir uns gemeinhin »bewußtmachen«. Bewußtsein ist ohne Gefühle nicht möglich. Der französische Neurobiologe Marc Jeannerod meint ein bißchen trocken: »Die einzigen Elemente, die wir zum Bewußtsein benötigen, sind solche, die mehreren Personen gemeinsam sind.« Mit anderen Worten, wir müßten in der Lage sein, bei anderen bestimmte »Geisteszustände« zu erkennen, zum Beispiel, »er hat Angst« oder »er ist wütend auf mich«, also Gefühle.

Gefühle sind unsere erste Sprache. Sie wird von allen verstanden. »Laß dein Herz sprechen«, sagen wir, wenn wir mit Argumenten nicht auskommen. Und: Unsere andere Sprache, die mit Worten, lernt ein Baby, wie bereits mehrfach beschrieben, nur darum so schnell verstehen, weil die von der Mutter zuerst benutzte Ammensprache mit ihren musikalischen Modulationen *Gefühle* ausdrückt. Deshalb kann sie auf der ganzen Welt gleich sein und von allen Kindern verstanden werden. Es scheint übrigens so, daß Babys anfangs stimmlich ausgedrückte Gefühle besser verstehen können als mimische. Das Hören hat zuerst noch einen Vorsprung vor dem Sehen.

Man kann sich fragen, ob das Baby schon am Lebensanfang ein Bewußtsein hat. Sicher ist, daß es schon Gefühle empfindet und sie, ohne sich ihrer in unserem Sinn bewußt zu sein, auszudrücken vermag. Wir haben bereits beschrieben, wie früh und wie stark es auf den Gesichtsausdruck, also die mimisch gezeigten Gefühle der Mutter oder des Vaters, reagiert. Wir wissen nicht, was es weiß, aber wir wissen, daß es empfindet und Gefühle hat. Wenn Eltern über ihre Babys reden, sagen sie häufig, sie fühlen, was ihr Kind braucht oder will. Manchmal nennen sie dieses Fühlen Wissen. Es ist auch unwichtig, was es ist. Wir könnten die Haarspalterei oder Wortklauberei auch weiter treiben und sagen: Sie wissen genau, was die Babys und sie selber fühlen. Wir haben das weiter oben »Intuition« genannt. Am Anfang ist die Intuition, gepaart mit oder gegründet auf ihre Fein-Fühligkeit, die wichtigste Kompetenz der Eltern.

Was aber fühlen nun die Babys? Um das herauszufinden, können sich Eltern, wie gesagt, auf ihre Intuition verlassen, Wissenschaftler dagegen nicht. Sie müssen nach Indizien suchen, nach belegbaren Anzeichen, die bei einer Reihe von Kindern nachvollziehbar und nachprüfbar sind. Eltern »verstehen« jedes ihrer Kinder in seiner Einmaligkeit und Besonderheit, das ist ihre Stärke. In der Wissenschaft geht es weniger um die Einmaligkeit als um Regeln. So suchte man danach, wie und bei welcher Gelegenheit – bei welchem »Reiz« – ein Kind Emotionen zeigt.

Was erlebt das Baby im Traum?

Schon in den ersten Stunden nach der Geburt lächeln Babys, wenn man sie streichelt. Meistens wird dieses Lächeln nicht als Ausdruck eines »inneren Glückser-

Eintritt in die Welt der Gefühle

lebens«, sondern als purer Reflex verstanden. Man hat
das zum Beispiel damit begründet, daß Babys vorwiegend im sogenannten REM-Schlaf lächeln, dem Schlaf
der raschen Augenbewegungen. Nun verbringen Neugeborene ebenso wie Föten fast ihre gesamte Schlafzeit
in diesem Schlaf. Und er hat, wie wir aus der modernen
Schlafforschung erfahren, noch eine ganz andere Bedeutung und Funktion als beim größeren Kind. Er wird von
Wissenschaftlern gelegentlich als »Entwicklungsschlaf«[3]
bezeichnet, weil in diesen Phasen bestimmte Fähigkeiten
annähernd wie im Wachen benutzt und geübt werden. Im
Unterschied zu Erwachsenen kann der Fötus und sogar
noch das Neugeborene sich im REM-Schlaf bewegen,
seine Muskeln sind nicht blockiert. So müssen wir sicher
auch Gefühlsäußerungen während des Neugeborenen-
Schlafs anders bewerten. Außerdem träumen Neugeborene ausgiebig, ebenso wie man heute annimmt, daß der
Fötus in den letzten Wochen träumt. Er kann ja zum
Beispiel schon über sein bereits gut entwickeltes Gehör
an Geschehnissen »draußen« teilhaben. Träume verar-
beiten, transportieren und nutzen Wahrnehmungen und
Gefühle. Sie haben eine wichtige Funktion beim Erinnern
und beim Vergessen. Im REM-Schlaf, dem Traumschlaf,
trifft das Gehirn in unermüdlichen Arbeitsprozessen seine
Auswahl zwischen dem, was behalten wird – und sich in
festen Eiweißstrukturen »materialisiert« – und anderem,
das aussortiert, weggeworfen wird. Solche Prozesse laufen in den letzten Wochen der fötalen Entwicklung und
beim Neugeborenen auf Hochtouren.

Aus Ultraschallbeobachtungen wissen wir auch, daß der Fötus bereits über eine Reihe mimischer Fähigkeiten verfügt und darin seinen Eltern ähnelt. Die wichtigsten Ausdrucksmuster von Gefühlen stellt die Natur also von Anfang an bereit. Sie sind ohne irgendwelche Lernprozesse, wie zum Beispiel jenen des Nachahmens, einsatzbereit.

Gefühle entwickeln sich von Anfang an

Wenn uns die neuen Wahrnehmungsmodelle (siehe Kapitel 3) vermuten lassen, daß ein Neugeborenes schon ein »globales« Welterleben hat, daß Sinnesfunktionen nicht erst einzeln zur Reife gelangen und sich differenzieren müssen, bevor sie alle im Zusammenspiel »integriert« funktionieren, dann dürfen wir sicher ebenso annehmen, daß in dieses globale Welterlebnis auch Gefühle gehören. Gefühle allerdings, die noch nicht ganz denen eines größeren Kindes oder Erwachsenen entsprechen. Um dies zu erreichen, sind sie nicht nur auf die Reifung sämtlicher Systeme angewiesen, sondern darüber hinaus noch auf all das, was das vielfältige stündliche Erleben und Handeln mit anderen Menschen – zuerst mit den Eltern – zu ihrer Entwicklung beiträgt. Die zwischen zwei Menschen wie Baby und Mutter ablaufenden Beziehungsbewegungen »tun« etwas mit den Gefühlen. Sie haben einen Einfluß auf ihre Differenzierung und auf ihre Integration in die gesamte Persönlichkeitsentwicklung.

Wichtig für die sich entwickelnde Bindung des Babys

mit seinen Eltern ist, daß diese das erste Lächeln als Gefühlsausdruck verstehen, gleichgültig, was sie darüber irgendwo gehört oder gelesen haben. Sie reagieren darauf mit Glücksgefühl. Es ermuntert sie, mit dem Baby zu sprechen, es zu liebkosen und mit ihm zu spielen.

Wenn schon Neugeborene, wie eingangs gezeigt (siehe Seite 82 f.), die Stimme der Mutter aus einem Angebot von Stimmen auswählen können, dann dürfen wir sicher auch annehmen, daß sie das tun, weil sie dabei so etwas wie Wohlgefühl, wie Vergnügen, ja Glück empfinden. In den Versuchen der Papoušeks, die wir mehrfach geschildert haben, reagierten die Babys auf bestimmte Musik, auf Lichter, auf die von ihnen erzeugten Bewegungen von Mobiles mit Lächeln und Jauchzen. Sie fühlten etwas, wenn ein bestimmtes Signal erschien, und vor allem, wenn sie es selber ausgelöst hatten.

Alle diese Verhaltensäußerungen üben auf die Eltern eine ungeheure Anziehung aus. Wenn das Kind mit seiner Freude über ein Spiel Interesse ausdrückt, steigert sich sofort das Interesse der Eltern. Es läßt sich sogleich an ihrem Gesichtsausdruck ablesen.

Wir haben ebenfalls in anderem Zusammenhang erwähnt, wie ein Baby offensichtlich mit Vergnügen auf das ihm voll zugewandte Gesicht der Mutter reagiert, während es sofort Anzeichen von Unruhe, ja Beunruhigung, wenn nicht sogar Angst zeigt, wenn sie ihm nur noch ihr Profil zeigt. Ähnliches passiert, wenn ihre Stimme nicht mehr die liebevollen Modulationen bietet, sondern kalte, neutrale Sprache. Oft fängt das Baby dann sogar an zu weinen.

Solche negativen Reaktionen beobachtete man bei zwei Monate alten Babys auch, wenn sie mit einer Strippe an ihrem Fuß oder Arm nicht mehr die erwartete Musik einschalten konnten. Sie waren offensichtlich ärgerlich. Manchmal beobachteten die Forscher als Reaktion auf Frustration auch Angst, Traurigkeit, Quengeligkeit.

Wo sind die Grenzen zwischen Gefühlen?

Niemand, der Kinder beobachtet, zweifelt daran, daß sie Gefühle haben. Sind es die gleichen, die wir empfinden? Wir können sie leider nicht fragen. Und wenn wir das könnten, was würden sie uns schon antworten? Selbst für Erwachsene in unserer modernen Welt ist es ungeheuer schwierig, Gefühle zu beschreiben. Es gab Zeiten, in denen Menschen dazu sehr wohl in der Lage waren. Diese Fähigkeit scheint uns heute weitgehend abhanden gekommen zu sein. Manche, die sonst außerordentlich beredt sind, verstummen schnell. Gefühle sind schwer faßbar. Es gibt keine sauberen Unterscheidungen und Abgrenzungen zwischen ihnen. Wir sind uns nicht einmal einig, was wir nun den Emotionen, Affekten oder Gefühlen zurechnen wollen. Wir benutzen diese Begriffe oft synonym. Meistens verstehen wir unter Emotionen eher ein biopsychisches Grundprogramm, das wir mit den höheren Säugetieren teilen. Gefühle dagegen haben schon eine menschliche Geschichte, sie setzen irgendeine Form von Bewußtsein voraus.

Genaue Grenzen zwischen Gefühlen lassen sich auch deshalb schwer ziehen, weil sie sich weder in Intensität noch Qualität messen lassen. Außerdem kann ein Gefühl, Liebe zum Beispiel, andere enthalten, wie Angst oder sogar Haß. Und ebenso verwirrend ist, daß sie gelegentlich ineinander übergehen: Etwas kann bei uns Überraschung und gleichzeitig auch Furcht auslösen. Und manchmal sind unsere Gefühle »gemischt«. Beim plötzlichen Anblick einer Person können wir Angst und Freude empfinden, also eine negative und eine positive Empfindung auf einmal.

Bei Babys gestaltet sich das für den neutralen Beobachter (wohlverstanden, nicht für die Mutter!) noch schwieriger. Wie bereits erwähnt, müssen wir sicher davon ausgehen, daß ihre Gefühle am Lebensanfang noch in einem anderen Entwicklungszustand sind als mit zunehmender Reife und sozialer Erfahrung. Hinzu kommt eine den Babys eigene Merkwürdigkeit: Sie drücken mit ihrer Mimik Gefühle nicht in der gleichen Differenziertheit aus wie größere Kinder und Erwachsene. Das heißt, sie benutzen für verschiedene Empfindungen weniger mimische Grundmuster. Das scheint vor allem auf negative Gefühle zuzutreffen. Ein saurer Geschmack mag sie zum Beispiel zu einem von uns als »traurig« interpretierten Gesichtsausdruck oder heftige Überraschung über einen plötzlich auftauchenden Gegenstand zu einem als »Angst« erscheinenden veranlassen.

Man hat also versucht, in standardisierten Beobachtungssituationen herauszubekommen, was ein Gesichtsausdruck bedeutete, welchem Gefühl er entsprach. Die kanadischen Psychologen Keith Oatley und Jennifer M. Jenkins von der University of Toronto schildern in ihrem interessanten Buch über Emotionen solche Versuche.[4]

Zehn bis zwölf Monate alte Babys wurden mit Situationen konfrontiert, in denen verschiedene Reaktionen beziehungsweise Gefühle wie Freude, Angst oder Überraschung zu erwarten waren. Es stellte sich heraus, daß Freude (happiness) sehr viel häufiger entsprechend der Erwartung hervorgerufen wurde als Angst. Da wo Angst erwartet wurde, zeigten die Kinder ganz verschiedene Gesichtsausdrücke, wie beispielsweise auch Überraschung. Positive Gefühle äußerten sich offenbar eindeutiger als negative.

Es war nicht leicht zu entscheiden, ob nur der jeweilige Ausdruck der negativen Gefühle uneindeutig war oder ob manche Babys in bestimmten Situationen, zum Beispiel wenn sie krabbelnd zu einem visuell vorgespiegelten Abgrund gelangten, gar nicht Angst empfanden, wie wir es erwarten, sondern tatsächlich Überraschung.

Das Baby animiert mit seinen Gefühlsäußerungen seine Eltern

Für Eltern sind diese mimischen Äußerungen leichter zu interpretieren. Schließlich steht ihnen die ganz genaue Kenntnis ihres Babys und seiner Geschichte zur Verfügung. Sie sind mit seinem Temperament und seinen Gewohnheiten vertraut. Und sie beziehen ihre Informationen nicht allein aus der Mimik, sondern – unbewußt, wie wir vielfach erwähnt haben – auch aus einer Reihe anderer Informationen. Sie wissen zum Beispiel: Hat das Kind gerade getrunken, ist es also satt? Ist es schon lange wach und ein wenig überreizt oder einfach müde? Ist es trocken? Habe ich es lange nicht hoch genommen und mit ihm gespielt? Ist gerade irgendein Fremder gekommen und hat das Baby erschreckt? In einem solchen Zusammenhang treffen sie meist zielsicher ihre Entscheidung, welches Gefühl ihr Kind gerade ausdrückt.

In den ersten Lebensmonaten, dem ersten Lebensjahr werden also Gefühle von Babys offenbar nicht so fein unterschieden ausgedrückt wie später. Offensichtlich genügt jedoch das, was sie zeigen. Solange ein Säugling noch dicht bei der Mutter, häufig in Körperkontakt, auf ihrem Arm oder in Streichelnähe lebt, braucht er auch wahrscheinlich nicht mehr Ausdrucksmöglichkeiten. Das ändert sich jedoch, wenn das Kind auf die Beine kommt, steht und läuft und sich nun von der Mutter weiter entfernt.

Anfangs scheinen Gefühlsäußerungen, positiv oder negativ, mimisch oder lautlich, vor allem zwei Funktionen zu haben: erstens die Mutter oder die Bezugspersonen in die Nähe bringen oder in der Nähe halten und sie zweitens zu zärtlicher Kommunikation – sei es im Spiel, sei es um zu trösten – zu ermuntern.

Wie sicher dies gelingt, erlebe ich noch einmal in einer winzigen Handlungssequenz zwischen Baby Eden und seinen Geschwistern. Sie zeigt anschaulich die hin und her gehenden Gefühlsbewegungen in einer Familie, in deren Zentrum das Baby seinen Platz eingenommen hat. Es scheint die magischen Fäden in der Hand zu halten.

Die Mutter, Gaby, hat Eden auf dem Arm gehabt und legt ihn nun in seinen Wagen inmitten der Familie. Er ist hellwach. Lena backt Kuchen. Jam spielt. Noa scheint nur darauf gewartet zu haben, daß Gaby den Kleinen hinlegt. Eden schaut sie an, sie schaut ihn an, sie tauschen wieder ihr Lächeln aus, und schon hat Noa Eden auf dem Arm. »Warum tust du das?« fragt die Mutter, »ich hatte ihn doch gerade hingelegt.« Noa: »Er wollte es.« Ich kann die Zehnjährige gut verstehen. Eden ist einfach unwiderstehlich. Gaby lächelt: »Ja, das war er schon, als er gerade geboren war. Bereits in den ersten Stunden fand ich, daß er etwas ganz Besonderes hatte. Aber ich mochte es nicht sagen. Die Hebamme hätte mich vielleicht ein bißchen komisch gefunden.« – »Er *ist* besonders«, sage ich nun in voller Überzeugung. Inzwischen rollt sich der kleine Jam schmollend auf dem Sofa herum. Sein neuer Bruder, dieser Winzling, ist wie ein Magnet für alle. Was ist er, Jam, nun? Mir geht es wie den anderen. Es scheint mir allen Ernstes so, als hätte ich noch nie ein so süßes Baby gesehen (was natürlich nicht stimmt, nur er ist eben jetzt da und übt seinen Zauber aus). Auch ich würde ihn gern ein bißchen auf den Arm nehmen und an meiner Schulter halten. Noa legt ihn wieder hin. Nun zeigt Eden leichte Unzufriedenheit. Ich hocke mich neben ihn. Schon zündet sein Lächeln ein Licht in seinem Gesicht an. »Eden, du bist un-wi-der-steh-lich«, sage ich nun. Hocherfreut, mit allen Anzeichen von Vergnügen, schaut er mich an. Irgend etwas – ganz Schwieriges – versucht er mit vielen mimischen Verrenkungen zu sagen. Es will ihm nicht gelingen. Plötzlich wandelt sich sein Gesichtsausdruck wie in einem Wetterleuchten von Lächeln zu Überraschung und dann Angst. Lena hat inzwischen das Kuchenbacken aufgegeben. Sie macht es wie Noa, nimmt den kleinen Bruder auf den Arm und schmust mit ihm. Eden will danach nicht zurück in den Wagen und quengelt, als sie ihn hinlegt. Plötzlich ist Jam zur Stelle. »Ich weiß, wie man ihn beruhigt«, sagt er. »Das stimmt«, bestätigt die Mutter, »das weiß er wirklich.« Er fährt den Wagen hin und her, Eden beruhigt sich sofort. Er sieht seinen Bruder ganz aufmerksam an. Ein brüderlicher Dialog entspinnt sich.

Zu Joram, dem Vater, sage ich, der Kleine sei wirklich erstaunlich. Dann fällt mir Jam ein, der uns zuhört, und ich füge hinzu: »Jam war sicher genauso niedlich.« – »Er war anders«, erwidert der Vater, »er hatte ja noch keinen Bruder Jam.« Ich finde, er hätte nicht besser antworten können.

Während der ganzen kleinen Familienszene hatte der fast drei Monate alte Eden überwiegend und sehr deutlich positive Gefühle ausgedrückt: mit Lächeln vor allem – in allen Schattierungen –, mit der übrigen Mimik, mit Lauten und lebhaften Körperbewegungen. Die negativen Gefühlsäußerungen waren kürzer, gingen tatsächlich undeutlicher ineinander über – etwa nach dem Schema Unlust, Überraschung, Angst, Unlust. Mich, die Fremde, begrüßte er zwar zunächst mit dem gleichen Charme wie seine Geschwister, jedoch schien ihn das Ungewohnte in meiner Stimme, Sprache, Mimik, meinem Aussehen und meinen Bewegungen zu irritieren. Nicht sofort, aber nachdem ihm ein Imitationsversuch mißlang.

Was Babys angst macht

Auf Fremdheit reagieren Babys etwa von sieben Monaten an mit Angst, ebenso auf eine visuell simulierte tiefe Schwelle (sie krabbeln bei diesem Test auf einer festen Glasplatte). Angst haben sie vor einem »Jack-aus-der-Box«, vor einem lauten Geräusch, vor jemandem, der eine Maske trägt. Unter sieben Monaten dagegen lassen sich diese Reaktionen kaum beobachten. Nach dem Ende des ersten Lebensjahrs verschwinden sie nach und nach wieder.

Mit dem »Fremdeln« taucht auch die Angst vor einer Trennung von der Mutter (oder Bezugsperson) auf. Nach dem neunzehnten Monat mildern sich die heftigen Reaktionen auf zeitweilige Trennungen. Einige Untersuchungen haben ergeben, daß Kinder weniger Angst vor Trennung zeigen und auch besser damit umgehen können, wenn sie die Trennung selbst herbeiführen, indem sie sich aus eigenem Antrieb von der Mutter entfernen. Vielleicht ist dies ein Verhaltensmuster, das wir unser ganzes Leben lang beibehalten. Auch Erwachsenen fallen Abschiede leichter, die sie selbst initiieren oder bei denen sie weggehen oder wegfahren. Der Zurückbleibende, mehr oder weniger zum passiven Erdulden verurteilt, scheint nicht so gut damit fertig zu werden.

Die Gefühle der anderen verstehen

Über Neugeborene haben wir schon Erstaunliches berichtet. In ihre unerwarteten Kompetenzen fügt sich noch eine ganz andere ein, die für ihre Beziehung zu den Eltern und später überhaupt zu Menschen besonders wichtig ist: Gesichtsausdrücke verschiedener Gefühle bei anderen zu unterscheiden.

Wie kann man das herausfinden? Ganz einfach. Psychologen machen sich dabei eine besondere, allen Babys eigene Verhaltensweise zunutze: Sie reagieren nämlich auf neue Reize mit längerem Hinschauen und geben damit zu erkennen, daß sie diese von anderen, vertrauten unterscheiden können. Man zeigte Babys, die gerade 36 Stunden alt waren, ein fröhliches Gesicht. Wenn es mehrmals erschien, schauten die Kinder schließlich nur noch kurz hin. Sie waren nun vertraut damit, und ihr Interesse wurde nicht mehr so stark erregt. Nun zeigten die Forscher den Babys das gleiche Gesicht mit einem Ausdruck von Überraschung. Wie erwartet, reagierten die Babys mit längerem Hinschauen. Nach mehrmaligen Wiederholungen hatten sie sich auch daran gewöhnt. Dann tauchte das Gesicht plötzlich ganz traurig auf. Wieder schauten die Babys zunächst länger hin. Sie hatten also jedesmal die Veränderung im Ausdruck bemerkt und mehr noch: Sie versuchten sogar, sie jeweils zu imitieren. Als Antwort auf das überraschte Gesicht rissen sie ihre Augen weiter auf, beim traurigen schoben sie die Lippen vor.

Da diese Babys noch keine drei Tage alt waren, hatten sie kaum Zeit gehabt, diese Fähigkeiten zu lernen. Sie hatten sie offenbar als genetisches »Programm« mit auf die Welt gebracht. Es sieht so aus, als gehörte das unmittelbare Verstehen von Gefühlen eines anderen zu jener Ausrüstung, die Menschen fürs Überleben und Leben brauchen. Erinnern wir noch einmal daran, welche Folgen der Gefühlsentzug und die Ausdruckslosigkeit bei den Babys hatten, die der unmenschlichen Neugier des Stauferkaisers Friedrich II. zum Opfer fielen. Und denken wir daran, was aus der kleinen Genie wurde. Gefühle zeigen und Gefühle erkennen heißt Kommunikation initiieren. Wir haben erwähnt, daß nur Menschenmütter sofort nach der Geburt Blickkontakt mit ihrem Kind aufnehmen. All das gehört zusammen: Es bringt unsere erste stumme Sprache und mit weiterreichenden Folgen unsere gesprochene Sprache in Gang. Der erste Blick, die ersten ausgetauschten Mimiken, die in der mütterlichen Stimme schwingenden Gefühle – sie alle »entzünden« menschliche Kommunikation. Sowohl Kind als auch Eltern sind mit allem dazu Notwendigen ausgestattet. Und ohne den geringsten Lernprozeß können sie alles gleich benutzen. Ich denke, das müßte so manchen zukünftigen Eltern, die vielleicht ein wenig beklommen auf die Geburt ihres Babys warten und zweifeln, ob sie wohl mit diesem kleinen, unbekannten Wesen umgehen können werden, eine Beruhigung sein. Wie sich herausstellt, ist das Baby ihnen von Anfang an gar kein Unbekannter. Sie werden den Eindruck haben, ihr Kind schon lange zu kennen, es »wiederzuerkennen«.

Bleiben wir noch einmal bei der Fähigkeit des Neugeborenen und auch des einige Wochen alten Babys, Gefühlsausdrücke »richtig« zu erkennen. Sie können es in diesem Alter nur, wenn es immer die Mutter oder dieselbe Person ist, die sie sehen und hören. Wenn es sich um verschiedene Gesichter mit den genannten Mimiken handelt, vermögen sie die gezeigten Gefühle meist nicht unterscheiden. Warum wohl? Sicher einmal, weil Vergleiche immer leichter bei gleichen Grundvoraussetzungen sind. Aber vielleicht auch, weil auf diese Weise die Bindung an die Bezugsperson gefestigt wird. Am Lebensanfang sind nur die Eltern wichtig, später ändert sich das und ändern sich auch die Fähigkeiten. Sie passen sich den neuen Erfordernissen an.

Ohne Gefühle geht nichts

Erkennen Babys von Anfang an Gefühle in einem begrenzten Maß an Stimme und Mimik, so reagieren sie darauf auch in einer differenzierten Weise. Sie lächeln zum Beispiel oder weinen. Und so erstaunlich es klingt, sie steuern damit schon in den ersten Lebenswochen die Handlungsabläufe zwischen sich selber und der Mutter. Mit Weinen können sie Einhalt gebieten und mit Lächeln zum Weitermachen und zur Steigerung des Spiels ermuntern. Babys, die jünger als drei Monate sind, lächeln schon, wenn sie die Stimme der Mutter hören (natürlich nur, wenn sie einen liebevoll-zärtlichen, nicht aber einen erregten, wütenden oder traurig-depressiven Klang hat). Später, wenn sie mehr mit ihrer eigenen Lautsprache ausdrücken können, lächeln sie etwas weniger, und es dauert nun auch etwas länger, bis sie zu lächeln beginnen, wenn sie die Mutter hören. Sie warten nun nämlich so lange, bis sie diese auch sehen können. Keith Oats und Jennifer Jenkins: »So früh in der Beziehung zeigen Babys ihren Eltern, wie wichtig sie sind, indem sie sie mit ihren für sie ganz typischen emotionalen Antworten zu sich heranziehen.« Dabei werden sie nach und nach immer besser im Timing ihrer »Antworten«, so daß sich eine echte Kommunikation entwickeln kann.

Im Laufe des ersten Lebensjahrs »lernen« Kinder in diesem Gefühlsaustausch viel dazu. Sie holen nun auch in schwierigen Situationen, in denen sie nicht genau wissen, wie sie verstehen oder handeln sollen, vom Gesicht der Mutter die notwendige Information ein. Es ist eine emotionale Information. Ist die Sache gefährlich? Kann ich dem Fremden vertrauen? Darf ich diesen Gegenstand benutzen? Der Blick der Mutter und ein fröhlich-ermunternder Gesichtsausdruck gibt den Babys so viel Vertrauen, daß sie damit sogar wagen, über den visuell simulierten Abgrund zu krabbeln, vor dem sie sonst mit einem Ausdruck von Angst oder Überraschung haltmachen. Bowlby sieht in diesem Verhalten die Basis für kooperative Partnerschaft. Indem es so die Mutter oder andere Bezugspersonen ständig beobachtet, lernt das Kind bereits früh – etwa vom zehnten Monat an –, eine Vorstellung von den Wünschen und Gefühlen des anderen zu entwickeln. Es kann sich jetzt auf ihn *abstimmen*. Wir erwähnten den ebenfalls von Bowlby geprägten Begriff »inneres Arbeitsmodell«. Dieses Erkennen und In-Betracht-Ziehen der Gefühle des anderen gehört da hinein, es ist Bestandteil jenes Arbeitsmodells. Ganz zu Anfang genügt also schon ein Lächeln des Kindes, um dem Partner Mutter zu zeigen, wie sehr es auf sie ankommt.

Halten wir hier einmal kurz inne, um die Bedeutung dieser Dinge richtig abzuschätzen. Wir haben im vorangegangenen Kapitel erklärt und veranschaulicht, wie stark die Bewußtseinsentwicklung an Sprache beteiligt ist und wie sehr beide auf ein soziales Zusammenspiel angewiesen sind. Nun wird deutlich, in welch entscheidendem Maße Gefühle an all dem mitwirken. Wie genau ihr anfänglich bereitgestelltes »Potential« an Fähigkeiten des Erlebens, des Ausdrückens und des Erkennens sowie später ihr Entwicklungsverlauf abgestimmt sind auf die Entwicklungsprozesse in Sprache, Bewußtsein und sozialem Verhalten. Ja, wir sollten sogar hinzufügen, daß alle diese Vorgänge wiederum abhängig sind von der Wahrnehmungs- und Bewegungsentwicklung, von jenem eingangs erwähnten Kampf gegen die Schwerkraft. Ohne Gefühle jedenfalls, das steht fest, geht nichts. Ohne Austausch von Gefühlen würde diese ganze auf den vorangegangenen Seiten geschilderte Welt plötzlich gelähmt sein, wie im Bann eines Märchenzaubers bliebe alles stehen. In der Realität bedeutet das den Tod, im Märchen mag ein Prinz die Dinge wieder in Gang bringen. Manchmal geschieht eine solche Entzauberung jedoch auch in der Wirklichkeit – wenn ein zuvor vernachlässigtes Kind plötzlich Aufnahme in einer liebevollen Familie findet. Dann kann es auf einmal wieder wachsen und sich entwickeln. Der Bann ist gebrochen.

Das Erleben der Empfindungen anderer und die immer wieder geübte Abstimmung darauf verschaffen dem Baby wahrscheinlich auch einen besseren Zugang zur Wahrnehmung der eigenen Gefühle.[5] Es ist ein ständiger Prozeß des Adjustierens und des Überprüfens. Das Kind sieht in das Gesicht der Mutter und erkennt darin, ob das, was es empfindet, der Situation angemessen, ob es das adäquate Gefühl ist. Es erfährt also etwas über sein eigenes Gefühl.

Außerdem erblickt es vielleicht in der Reaktion der Mutter sein eigenes Gefühl – wie in einem Spiegel, wenn sie angesichts einer Gefahr zum Beispiel ebenso wie das Kind Angst zeigt oder Freude über ein Spielzeug.

In diesen Beginn der sozialen Gefühlsabstimmung fällt nicht wie von ungefähr ein Fortschritt in der Sprache. Das Kind benutzt jetzt schon Worte wie Mama, Papa und andere. Später, im Kindergartenalter, werden partnerschaftliche Abstimmungen sehr viel leichter mit der Sprache gelingen: Wir sollten sagen, mit der »verbalen Sprache« im Vergleich zur »Ausdruckssprache«.

Über Gefühle miteinander sprechen

Mit etwa 18 Monaten beginnen Kinder, bereits über ihre Gefühle Auskunft zu geben. Sie lernen Worte für Gefühle. Psychologen haben Gespräche von dreijährigen Kindern mit ihren Müttern und Geschwistern aufgenommen, in denen sie sich über Gefühle unterhielten, meistens Spaß oder Schmerz. Zuerst beschränken sie sich darauf, sie einfach zu benennen. Die Mütter sprechen jedoch auch über Gefühle wie Wut, Traurigkeit und Enttäuschung, ebenso über Sympathie und Anteilnahme. Es ist erstaunlich, welches Wissen über die Ursachen von Gefühlen anderer Menschen bei den Kindern dabei zum Vorschein kommt. Die Forscher Dunn, Brown und Beardsall beobachteten in einer Studie 1991, daß die Hälfte der Gespräche über Gefühle unter Kindern dieses Alters sich um diese Ursachen drehte. Mit weniger als drei Jahren kann ein Kind schon seine Mutter fragen: »Bist du traurig, Mama? Was hat Papa gemacht?«

Wenn die Kinder etwa 28 Monate alt sind, beziehen sich Beobachtungen zufolge 60 Prozent der Gespräche, mit denen sich Mütter an Kinder wenden, auf innere Gefühlszustände. So lernen die Kinder nach und nach, wie man über Gefühle spricht. Sie lernen über das Mittel der Sprache aber vor allem, wie man Gefühle mit anderen teilt. Sie lernen, sich über ihre eigenen Empfindungen besser klarzuwerden, wenn sie diese ausdrücken und ihre Vermutungen über deren Ursachen angeben. So können Eltern nun auch manches besser vom Standpunkt des Kindes aus verstehen. Beide Seiten bekommen eine genauere Vorstellung voneinander.[6]

Wie Mitgefühl entsteht

Niemand weiß genau, ab wann ein Baby sich wirklich als ein »Selbst«, als nicht mehr mit der Mutter verbundenes Wesen, erlebt. Als Fötus verband es – sichtbar wie ein Band – die Nabelschnur mit der Mutter, war es fast ein Teil von ihr, obwohl es einen eigenen Kreislauf und viele eigene Rhythmen hatte. Wer weiß, wie das eben zur Welt kommende Kind das Durchtrennen der Nabelschnur erlebt? Es ist ja viel mehr als ein bloßes Abschneiden. Der Schnitt markiert auch eine gewaltige innere Umstellung, wie zum Beispiel die Umkehr des Blutflusses im Herzen. Wir gehen trotzdem davon aus, daß sich das Kind noch lange danach zumindest als ganz eng zur Mutter gehörig fühlt, daß es noch lange keine Vorstellung von einem »Ich-Dasein« hat. Ich denke, daß alles, was wir bisher über die Entwicklungsprozesse am Lebensanfang geschildert haben, vermuten läßt, daß auch hier etwas bereits von Anfang an angelegt ist, daß das Baby ein Empfinden für sich mit auf die Welt bringt. Wirklich *erkennen* kann es sich selbst jedoch offenbar erst im zweiten Lebensjahr. Dazu bedarf es bereits einer beträchtlichen kognitiven Entwicklung.

Wir verwenden hier häufig den Begriff des »Selbst« neben dem des »Ich«. Damit keine Verwirrung aufkommt: »Selbst« – »self« – ist ein angelsächsisches Konzept, das stärker als »Ich-in-Beziehung-mit-anderen« verstanden wird als das Freudsche Konzept vom »Ich«, das ein eher

»introvertiertes«, wenn auch nicht von den anderen isoliertes »Ich« zum Thema hat und im deutschen Idealismus
und dem Kantschen Gedanken der Automie verhaftet ist.
Heute werden in der Psychoanalyse beide Begriffe benutzt. Bei Winnicott taucht bereits vielfach das Konzept
des »Selbst« auf. Er prägte auch den Begriff »falsches
Selbst«. Ebenso sprechen Stern und die anderen hier genannten Autoren aus dem angelsächsischen Raum immer
vom Selbst.

Wenn sich das Selbst stärker abgesetzt von den anderen erlebt, tauchen neue Gefühle auf. Sie entsprechen dem
neuen Erleben. Da ist zum Beispiel die Empathie, das Mit-
Empfinden, Mit-Gefühl. Der vorangegangene Prozeß der
Abstimmung auf die Gefühle des anderen hat dafür sicher
den Boden bereitet. Zunächst gerät das Mit-Fühlen wahrscheinlich noch stark mit dem eigenen Fühlen »durcheinander«. Wir alle haben schon erlebt, daß Babys schreien,
wenn andere schreien. Sicher ist dies noch keine Empathie. Aber wenn ein Kind beginnt, sich einem anderen zuzuwenden, das Kummer hat, dann sehen wir darin schon
ein Zeichen von wirklichem Mitgefühl.

Zunächst interpretiert das Kind den Kummer der anderen sicher noch sehr an eigenen Empfindungen angelehnt.
Es tröstet das andere Kind, so wie es selber gern getröstet
werden würde. Es bringt ihm sein Lieblingsspielzeug oder
holt seine eigene Mutter.

Das ändert sich mit etwa drei Jahren. Dann paßt das
Kind sein Verhalten schon mehr den Bedürfnissen des anderen an, das traurig ist oder Schmerzen hat. Es holt nun

zum Beispiel die Mutter des Kindes, nicht seine eigene. Jedoch macht das Dreijährige offenbar Unterschiede in der Zuteilung seines Mitgefühls: Es ist eher zu trösten bereit, wenn es nicht selber die Ursache für den Kummer oder Schmerz des anderen ist. Wenn es nicht daran »schuld« ist. Keith Oatley und Jennifer Jenkins ziehen daraus den Schluß, daß Kinder dieses Alters sich in zunehmendem Maße an die Stelle anderer versetzen können und vor allem, daß sie Schuld empfinden können.[7] Es ist die Voraussetzung für eine Verhaltenskorrektur: Ein Kind erkennt nicht nur, daß der andere traurig oder ärgerlich ist, es versteht auch, daß es selber die Ursache ist. So kann es sein Verhalten ändern.

Daraus ergibt sich, daß es nun fähig wird zu begreifen, daß die Gefühle eines anderen nicht seine eigenen sind, daß sie sich unterscheiden. So wird es sich später wirklich bewußt, daß andere Lebenserfahrungen als seine eigenen auch zu anderen Empfindungen und Reaktionen führen können.

Halten wir noch einmal die verschiedenen Phasen dieser Wandlung fest:

- Zuerst sind eigenes Gefühl und Mitgefühl nicht klar zu unterscheiden.
- In der nächsten Phase erkennt das Kind, daß ein anderes Kind Kummer hat. Es tröstet noch so, wie es selber gern getröstet werden würde.
- Später begreift es schon, daß das andere Kind auch anders empfindet und anderen Trost braucht. Er versetzt sich bereits ein wenig an seine Stelle.

- Jetzt unterscheidet es auch, ob es selber den Kummer oder Schmerz des anderen hervorgerufen hat oder nicht. Es kann sein Verhalten entsprechend ändern.
- Schließlich wird es mit zunehmender Sprachbeherrschung fähig, wirklich zu begreifen, daß die Gefühle eines anderen Menschen auch aus anderen Erfahrungen entstanden sind und daß sie zu anderen Reaktionen und Handlungen führen als seine eigenen.

Die Abstimmung der Gefühle

Eine lange Entwicklung. Und welche Rolle spielen die Eltern dabei? Sie bieten einerseits die Voraussetzung dafür, daß all das überhaupt aufkeimen kann, indem sie das Kind eine *sichere Bindung* erleben lassen. Andererseits sind sie, wie wir es in all den anderen Bereichen gezeigt haben, die unabdingbaren Partner bei diesem Reigen, der zunächst ein Pas de deux ist und später immer mehr andere einbezieht. Hier handelt es sich nicht um Erziehung, sondern um feinfühliges, intuitives Miteinanderleben und die Bereitschaft, sowohl initiierend als auch mit beantwortenden Reaktionen zur Stelle zu sein, in den Tanz einzutreten.

Noch einmal eine kleine Szene, die verdeutlicht, wie stark das Kind davon abhängig ist, Sicherheit innerhalb der Familie zu erleben, und wie es in seinen eigenen Gefühlen dann auch daran gebunden ist, wie seine Eltern nicht nur mit ihm, sondern auch miteinander umgehen.

Wieder bin ich zu Besuch bei Marine und ihren Eltern.

Wir machen gemeinsam einen kleinen Ausflug zu Fuß in ein kleines Gebirge in Südfrankreich. Die gerade vier Jahre alte Marine wollte unbedingt mitkommen. Von Anfang an ist sie jedoch quengelig. Nichts paßt ihr, alles will sie anders, als Mutter oder Vater es vorschlagen. Die Eltern entschuldigen sich fast, es ist ihnen peinlich. »Sie ist heute mit dem falschen Bein aufgestanden«, sagt die Mutter. »Sie hat einen Bock«, meint der Vater. »Sonst ist sie eigentlich nicht so. Aber sie wird von ihren älteren Brüdern und überhaupt allen viel zu sehr verwöhnt und wie eine kleine Prinzessin behandelt.« Beim Abendbrot will Marine nicht essen. Sie will anders sitzen, neben der Mutter. Der Vater ist wütend, er will nicht von seinem Platz weichen. Er möchte gern hart bleiben. Aber es ist offensichtlich, daß er dazu keine Neigung verspürt und auch ziemlich hin- und hergerissen ist, ob er nun Mitleid mit ihr haben oder wütend auf sie sein soll. Marine weint jetzt eigentlich nur noch und versteckt ihre Augen hinter den Händen. »Vielleicht ist sie müde«, spekuliere ich. »Oder wird sie vielleicht krank?« Plötzlich sagt der Vater: »Ich glaube, ich weiß, warum sie heute so merkwürdig ist. Wir haben uns nämlich gestern gestritten.« Seine Frau: »Eigentlich waren wir dabei gar nicht laut, wir haben uns nicht angeschrien. Wir haben nur den ganzen Tag geschmollt.« – »Ja«, meint Henri, »ich habe schon gemerkt, daß sie das beunruhigt hat. Es war nämlich das erste Mal, daß das passiert ist, dieser Streit. Sonst sieht Marine immer, daß wir lieb miteinander sind und uns ›plein de bisous‹ [kleine Küsse] geben.« – »Abends ist sie dann eigentlich friedlich eingeschlafen«, berichtet die Mutter. »Wir hatten ihr erklärt, daß wir eben auch – wie sie mit ihren kleinen Freundinnen – mal streiten müssen, daß wir uns aber trotzdem liebhaben.«

Das Fazit beider Eltern: Ihr Streit hat Marine wohl mehr ausgemacht, als sie zunächst gedacht hatten. Marine wußte nicht mehr so recht, woran sie war. Sie verstand sich selber nicht und konnte plötzlich keine Auskunft über ihre eigenen Gefühle mehr geben. Noch einen Tag nach der Mißstimmigkeit der Eltern war vieles durcheinander. Die Feinabstimmung aufeinander klappte nicht mehr.

Merkwürdig das Ende dieses Abends. Nachdem der Vater mir die Situation erklärt hatte, bot er Marine an, sich nun auf seinen Platz neben der Mutter zu setzen. Sie war, plötzlich vollkommen aufgeheitert, sofort dazu bereit, zeigte sich zufrieden und aß nun mit Vergnügen das vorher verschmähte Eis. Ich denke, es war nicht nur der Platzwechsel, der ihre Stimmung verändert hatte. Vielleicht hatten die Worte des Vaters, die sie sehr wohl verstanden hatte, die Dinge wieder zurechtgerückt. Die Eltern waren wieder wie immer. Das Bedrohliche des Ereignisses vom Tag zuvor hatte sich aufgelöst, und die gegenseitige »Gefühlsabstimmung« war wieder möglich.

Was das Kind vom ersten Lächeln an über all diese erlebten und mit anderen geteilten Gefühle lernt, ist für sein späteres Leben als soziales Wesen von ungeheurer Bedeutung. Es gewinnt einen Zugang zur inneren Welt des anderen. Nur so wird es verstehen, warum sich ein Mensch, mit dem es vielleicht zusammenarbeitet oder auch in Konflikt gerät, anders verhält als er. Nur so kann es sein eigenes

Verhalten diesem Verständnis anpassen. Ohne Mitgefühl gäbe es keine Kooperation.

Eine neue Erfahrung: Verlegenheit

Wenn das Kind sich selber als eigenes, von der Mutter und anderen abgegrenztes Ich wahrzunehmen beginnt, wenn es sich im Spiegel erkennt, erlebt es erstmals eine neue, sehr komplexe Empfindung, sozusagen ein »gemischtes« Gefühl: Verlegenheit.

Woher wissen wir, wann sich das Kind wirklich selber erkennt? Oft meinen wir, es könne das schon lange, und sind erstaunt über seine Reaktionen. Zum Beispiel, wenn es irgend etwas *hinter* einem Spiegel sucht, was in Wahrheit davor ist. Der französische Psychologe René Zazzo beobachtete viele Kinder vor dem Spiegel. Er fand heraus, daß sie sich selber erst mit mehr als zwei Jahren darin wirklich wiedererkennen. Sein eigener Sohn Fabien, den er, auf den Spiegel deutend, fragte: »Wer ist das?«, antwortete – jedoch erst nach langem Zögern – »Fabien«. »Die Identifizierung von sich selber im Spiegel stellt also ein Problem dar«, erklärt Zazzo. Das Kind sieht sich ja niemals selbst ins Gesicht. Wenn es sich also im Spiegel erkennt, erklärt er, handelt es sich beim Gesicht nicht um ein *Wiedererkennen*, sondern um das *Konstrukt* einer Identifikation. Es setzt voraus, daß das Kind eine Vorstellung von sich selber als einer Person gewonnen hat. Jetzt erst wird ihm auch bewußt, daß andere sein Gesicht sehen.

Um zu beweisen, daß ein Kind sich im Spiegel wirklich erkennt, kann man ihm einen farbigen Fleck auf die Nase malen. Wenn das Kind dann beim Erblicken seines Spiegelbilds nicht auf den Spiegel, sondern auf seine eigene Nase tippt, hat es verstanden, daß sein Gesicht von der Glasscheibe widergespiegelt wird.

Auf diesem Entwicklungsniveau taucht nun zum ersten Mal das Gefühl von Verlegenheit auf. Verlegenheit empfinden wir zum Beispiel, wenn wir zu sehr, das heißt mehr, als uns lieb ist, Mittelpunkt der Aufmerksamkeit anderer werden. Psychologen verglichen dieses Gefühl mit der Furcht vor anderen. Diese wird schon viel früher empfunden und gehört sozusagen zu den Basiserfahrungen und -gefühlen. Man braucht dazu nicht soviel Bewußtsein von sich selbst zu haben. Angst oder Furcht bedarf nicht unbedingt der Interaktion mit anderen Menschen, Verlegenheit schon.

Wir gehen davon aus, daß der Begriff des Selbst ein soziales Konzept ist. Wenn das Kind sich seiner selbst bewußt wird, erkennt es, daß es als ein von anderen abgetrenntes Wesen existiert. Das heißt aber nicht, daß es isoliert ist. »... wenn wir beginnen, ein Konzept von uns selbst zu entwickeln, dann tun wir das nicht als ein isolierter Robinson Crusoe, allein und unabhängig von der Gesellschaft«, erklären die kanadischen Psychologen Oatley und Jenkins und ziehen daraus den Schluß, das Selbst würde besser beschrieben als ein »Selbst-in-Beziehung-zu-anderen«. Wenn wir Mitgefühl empfinden, komme das »Selbst-im-Disstreß-mit-anderen« zum Vorschein und bei Verlegenheit das »Selbst-mit-zuviel-Aufmerksamkeit-von-den-anderen«. Die Entwicklung einer immer bewußteren Vorstellung von unserem Selbst zieht also eine Entwicklung kontinuierlich verfeinerter Gefühle nach sich. Wir erleben sie im Umgang mit anderen Menschen.

Um herauszufinden, ab wann Verlegenheit empfunden wird, verhielten sich die Wissenschaftler den Kindern gegenüber affektiert: Sie machten ihnen übertriebene Komplimente und forderten sie zum Tanzen auf. Es zeigte sich tatsächlich, daß Kinder, die sich selber schon im Spiegel erkennen konnten, wirklich Verlegenheit empfanden, die anderen jedoch nicht.

Die Ursachen von Gefühlen verstehen

Gefühle empfinden, wissen, daß und welche Gefühle andere haben, ist *eine* Sache. Eine *andere* Sache und ein weiterer Entwicklungsschritt im Bewußtsein des Kindes ist das mit etwa drei Jahren auftauchende Verständnis für die *Ursachen* von Gefühlen. Mit der sich stark entfaltenden Fähigkeit, sich in Worten auszudrücken, geht einher, daß Kinder der entsprechenden Altersgruppe Gefühle besser benennen, umschreiben und in soziale Situationen einbetten können. Natürlich machen sie sich auch schon richtig Gedanken über Gefühle. Sie entwickeln ihre eigenen Theorien über alles mögliche, was ihnen täglich im Umgang mit den Eltern, Geschwistern und Spielgefährten begegnet: Warum hat Toby wohl heute im Kindergarten so geweint? Sicher, weil ihm Kerstin das rote Feuerwehrauto weggenommen hat. Warum sieht Daniela so wütend aus? Weil Hanna der Kindergärtnerin ein viel schöneres, bunteres Bild zum Geburtstag gemalt hat als sie. Warum ist Mama traurig? Vielleicht, weil Papa nicht nett zu ihr war.

Sie beginnen auch schon zu begreifen, daß für unterschiedliche Leute verschiedene Dinge wichtig, angenehm oder unangenehm sind. Und daß diese Empfindungen der anderen trotz gleicher oder ähnlicher Situation nicht ihren eigenen entsprechen müssen. Sie lieben Gespräche wie: »Ich mag Milch. Mama mag keine Milch, aber Papa.« Wir haben bereits erwähnt, daß sich im Mitgefühl eine ähnliche Entwicklung zeigt: Zuerst bringt das Kind dem anderen traurigen seine Mutter zum Trösten. Später begreift es, daß es seine eigene braucht.

Sich über die von den eigenen abweichenden Gefühle anderer Menschen im klaren zu sein, sie einschätzen zu können, ist für den sozialen Umgang miteinander von besonderer Bedeutung. Es ist wichtig, sein Verhalten ändern und neu anpassen zu können, wenn man merkt, daß etwas dem anderen gar nicht gefällt. Auch wir Erwachsenen tun das mehrfach am Tag in der Familie, am Arbeitsplatz und mit Freunden. Wieder zeigt sich, wie unabdingbar der früh erlernte Umgang mit Gefühlen und die Erfahrung mit denen der anderen für alles sind, was wir später als kooperative Partnerschaft erleben. Wir sehen wieder, wie sich das »innere Arbeitsmodell« verfeinert. Wie es im täglichen Familienleben mit den Eltern und später auch mit Spielgefährten »wie von allein« zu entstehen scheint.

Unterscheiden zwischen echten und nur vorgezeigten Gefühlen

Die Fähigkeit, die Gefühle der anderen unterscheiden zu können, ihre Ursachen zu erkennen und selber sein Handeln danach auszurichten, macht nun solche Fortschritte, daß die Kinder bald sogar in der Lage sind, ihre Gefühle zu verbergen, sie einfach nicht zu zeigen. Sie tun das, wenn es ihnen im Zusammenhang mit einem Wunsch oder Ziel wichtig ist. Zum Beispiel zeigen sie vielleicht nicht, daß sie Halsschmerzen haben, wenn sie wegen einer bevorstehenden Geburtstagsparty nicht von Mama zu Hause behalten oder gar ins Bett gesteckt werden wollen.

Sie können sogar in bestimmten sozialen Situationen Enttäuschungen verbergen, etwa über ein Geschenk, das ihnen nicht gefällt. Sie verstehen, daß es einen anderen enttäuschen könnte, wenn sie ausdrückten, was sie wirklich empfinden. Und sie lernen, daß es echte Gefühle gibt und zur Schau getragene – und daß beide nicht immer miteinander identisch sind.

Um zu lernen, wie es echte von unechten Gefühlen unterscheiden kann, ist das Kind auf seine frühen Erfahrungen mit der Mutter angewiesen. Es ist wichtig, daß es im Umgang mit ihr sehr eindeutige Signale bekommen hat. Und genauso wichtig ist es, daß diese Signale authentische Gefühle ausdrückten. Nicht alle Mütter haben die gleichen Fähigkeiten, Gefühle zu äußern. Die einen tun es offener, mit reich modulierter »Ammensprache«, andere drücken sich »erwachsener«, weniger demonstrativ aus. Beides und vieles andere ist möglich und ganz in Ordnung. *Wichtig ist nur eins: daß die Gefühle authentisch sind.* Ein Kind, dem mit Worten übermittelt wird, »Ich freu mich, daß du da bist«, und dem das Verhalten der Mutter das Gegenteil zeigt – »würdest du mich doch bloß in Ruhe lassen« –, findet sich nicht mehr zurecht. Es traut seinen eigenen Wahrnehmungen nicht mehr. Wie soll es noch die Gefühle anderer einschätzen können, wenn der Mensch, durch den ihm das Tor zur Welt geöffnet wird, unverständliche, widersprüchliche Gefühlssignale sendet.

Echte von nur gespielten Gefühlen zu unterscheiden, setzt voraus, daß man schon einmal echte Gefühle erlebt hat und ihnen völlig vertrauen konnte.

»Gemischte« Gefühle

Wir sprechen von gemischten Gefühlen, wenn wir meinen, daß wir angesichts einer Situation einerseits dies, andererseits jedoch auch jenes, vielleicht sogar Gegensätzliches empfinden. Wir freuen uns zum Beispiel, daß uns ein Verwandter besuchen will, sind aber andererseits irritiert, weil wir gerade zu diesem Zeitpunkt sehr viel Arbeit haben. So geht es auch Kindern. Sehr früh schon können wir bei ihnen gemischte Gefühle beobachten, wenn ihr Gesicht zwischen Lachen und Weinen »wetterleuchtet«. Wenn sie zu gern etwas ausprobieren würden, aber Angst sie zurückhält. Wenn sie sich – wie wir es in dem Kapitel über die Bindung zwischen Eltern und Kind geschildert haben – manchmal zwiespältig verhalten: Die Kinder, die sich in ihrer Familie nicht »sicher« fühlen, möchten nach einer Trennung von der Mutter zwar einerseits zu ihr streben, werden jedoch andererseits von einem anderen, negativen Gefühl – der Angst, enttäuscht oder zurückgewiesen zu werden – daran gehindert.

Solche Gefühlsambivalenz erleben sie viel früher, als ihnen wirklich bewußt wird. Erst mit ungefähr zehn Jahren verstehen Kinder, daß sie und andere gelegentlich von widersprüchlichen oder einfach unterschiedlichen Gefühlen hin und her gerissen sein können. »Toll, daß ich zu Susis Geburtstagsparty eingeladen bin. Ich freu mich so darauf. Schade, daß ich dann nicht mit in den Zoo gehen kann.« Nun können sie diese innere Zerrissenheit auch sprachlich umsetzen und erreichen damit noch einmal einen bewußteren Umgang mit Gefühlen schlechthin.

»Das Erkennen von Ambivalenz«, resümieren K. Oatley und J. Jenkins nach ihrer Forschungsarbeit im Dschungel der kindlichen Gefühle, »ist ein wichtiger Schritt beim Verstehen der vielen unterschiedlichen Ziele, die wir und andere im täglichen Leben verfolgen. ... ein Gefühl zu empfinden ist mehr, als nur das Abspulen eines biologischen Mechanismus, wie zum Beispiel beim Niesen, zu erleben. Genetisch angelegte Gefühlsgrundlagen werden in komplexen Aufgaben ausgearbeitet, weiterentwickelt; sie sind Elemente, nicht Endprodukte in der Entwicklung unserer inneren Theorien über uns selbst, über andere und über soziale Beziehungen.«

Eifersucht und Liebe

Auch Eifersucht ist ein gemischtes Gefühl. Widerstreitende Empfindungen fließen da ein: Liebe, Frustration, Angst, Wut, ja manchmal sogar Haß. Kann es sein, daß mein Baby schon eifersüchtig ist, fragen manche Mütter.

Wir haben gesehen, daß Gefühle sich beim Kind erst entwickeln. Sie sind nicht alle von Anfang an da. Sie haben eine Geschichte. Die Voraussetzung dafür, daß Eifersucht überhaupt einen Sinn bekommt, ist Liebe. Und Liebe ist das Gefühl, in dem eigentlich alle anderen Gefühle aufgehen. Im Laufe eines Menschenlebens macht Liebe eine erst mit dem Tod endende Entwicklung durch. Trotzdem, in ihrer Urform ist sie sicher von Anfang an da, zuerst vielleicht mehr als eine Empfindung des Einsseins mit der Mutter. Jedoch – erst die Wahrnehmung der Getrenntheit, die Entdeckung, als einzelnes Wesen zu existieren, mit all der Verlustangst, die das Kind in der zweiten Hälfte des ersten Lebensjahrs erlebt, läßt das entstehen, was wir Erwachsenen als Liebe bezeichnen. Denn um Liebe zu empfinden, muß da ein anderer sein. Aus dem Einssein mit der Mutter, aus der vollkommenen biologischen und seelischen Abhängigkeit am Lebensanfang geht etwas hervor, das wir als »Bindung« bezeichnet haben. Diese Bindung, so zeigte sich, ist unabhängig von der Qualität der bemutternden Person.

Auch Liebe fragt zunächst nicht danach, ob der andere gut oder schlecht ist. Sie ist bedingungslos – jedenfalls am

Lebensanfang –, dann aber auch sozusagen totalitär. Und jede Form von Entzug – sei es, weil die Mutter mal aus dem Zimmer geht oder länger abwesend ist, sei es, daß sie ihre Aufmerksamkeit nicht ganz dem Kind zuwenden kann, sei es gar, daß sie sie auf andere Personen richtet – wird vom Baby schon ganz früh mit negativen Gefühlen beantwortet. Wir haben eingangs beschrieben, daß Neugeborene bereits anfangen zu weinen, wenn die Mutter ihnen im Zwiegespräch nicht voll das Gesicht zuwendet, sondern statt dessen ihr Profil. Kann man da schon von Eifersucht sprechen? Wohl kaum. Doch beginnt zu diesem Zeitpunkt etwas zu keimen, das vielleicht den Sinn hat, dem Kind seine Mutter, seine eigene, unverwechselbare, vollkommene Mutter (egal welche Schwächen sie objektiv hat) zu erhalten. Dem Kind stehen, wie wir erfahren haben, viele Mittel zur Verfügung, um dies zu erreichen. Positive der Verstärkung, zum Beispiel ein Lächeln oder Jauchzen, die für die Mutter und den Vater wie eine Belohnung sind, und negative wie Weinen, die sie daran erinnern: »Bleib stets für mich da!«

So etwas scheint auch die Antriebskraft für erste Empfindungen der Eifersucht zu sein. Eifersucht kann nur entstehen, wenn Bindung existiert. Sie ist also Zeichen einer gesunden, normalen Entwicklung eines Kindes. Die meisten Mütter reagieren auch so darauf. Das heißt, sie stellen sich zunächst gar keine Fragen. Die tauchen meist erst später auf, wenn das soziale Umfeld des Kindes sich erweitert, vor allem, wenn Geschwister oder Spielgefährten hinzukommen.

Vor Vollendung des ersten Lebensjahrs sei ein Baby kaum zu Eifersucht fähig, meint Donald W. Winnicott. Da sei es noch zu unreif. Aber mit etwa fünfzehn Monaten könne es zum Beispiel schon auf ein neues Geschwisterkind eifersüchtig sein. Mütter berichten häufig, daß sich ein fünfzehn Monate altes bis zweieinhalbjähriges Kind plötzlich merkwürdig benimmt, wenn die Mutter das neue Baby stillt oder füttert. Die meisten Mütter wissen ganz intuitiv, daß sie dann das eifersüchtige Kind durch besondere Zärtlichkeit und Aufmerksamkeit entschädigen müssen. Sie lassen es beim Füttern dicht neben sich sitzen oder nehmen es sogar mit auf den Schoß, auch wenn das mitunter fast akrobatische Fähigkeiten von ihnen verlangt. Manche Väter verhalten sich besonders einfallsreich, nicht nur um das ältere Kind abzulenken, sondern auch, um ihm verständnisvoll in seinen Schwierigkeiten entgegenzukommen. Die erste wirklich heftige Eifersucht dreht sich häufig ums Füttern. Viele Kinder verlangen dann wieder nach ihrem Fläschchen. Überhaupt wollen sie wieder ein Baby sein, wenigstens in einigen symbolischen Handlungen. Einige möchten sogar wieder Windeln tragen und fangen erneut an einzunässen. Es sieht so aus, als sei jedes Mittel recht – auch der Verzicht auf längst erworbene Privilegien als »großes Kind« –, um die Mutter wieder ganz für sich zurückzugewinnen.

Eine Mutter berichtet, ihr kleiner Sohn habe bitterlich geweint, als sein drei Wochen altes Geschwisterchen zum ersten Mal in den Kinderwagen gelegt wurde. Er war schon lange zu groß dafür und wollte nun auch wieder hinein. Eines Tages versuchte er sogar, das Baby zu ersticken. Manchmal scheinen die Kinder zunächst erfreut über das neue Baby. Oft haben sie sich sehnlich die kleine Schwester oder den Bruder gewünscht. Und dann ist alles ganz anders, als sie es sich vorgestellt hatten. Sie hatten sicher nicht daran gedacht, daß sie nun die Mutter teilen müßten. Sie lieben und hassen das andere Kind gleichzeitig. Mal gewinnt das eine, mal das andere Gefühl die Oberhand, und mal vermischt sich beides miteinander.

Die meisten Eltern können sich so gut in ihre Kinder hineinversetzen, daß sie mit Verständnis reagieren, auch wenn sie manchmal über das bösartige Verhalten des eifersüchtigen älteren Kindes erschrocken sind. Sie fühlen, daß sie mit Strafen die Dinge nur noch verschlimmern. Nur wenn sie sich von der Situation überfordert fühlen, wenn sie erschöpft und nervös sind, gelingt ihnen diese gelassene Haltung nicht.

Es ist merkwürdig – diese frühe Form der Eifersucht verschwindet oft ganz plötzlich. Sie scheint sich in nichts aufzulösen. Im Kind hat sich indes etwas verändert. Es versteht Dinge, Menschen, Handlungen und Gefühle nach und nach anders, besser. Es hat nun schon mehrfach erlebt, daß ihm nicht wirklich die Liebe seiner Mutter abhanden kommt, wenn sie das Baby stillt oder windelt, und daß Teilen nicht mit Verzicht gleichzusetzen ist. Es beginnt zu begreifen, daß Liebe mehrere Personen einschließen kann: Die Mutter liebt den Vater, aber auch ihr Kind und sogar noch das Geschwisterchen. Und keiner kommt zu kurz.

Hier handelt es sich nicht um Erziehung, sondern um

Erleben. Wir könnten unserem Zweijährigen lange erzählen, es habe keinen Grund zur Eifersucht, und die Wirkung wäre gleich Null. Wir könnten ihn oder sie strafen, und das würde die Eifersucht nur bestätigen. Allein die tägliche Erfahrung mit den Eltern, die immer aufs neue liebevoll mit ihrem Ältesten umgehen, vermittelt die Erkenntnis: Ich muß nicht böse auf das neue Kind sein, und ich muß auch nicht wieder ein Baby sein, um geliebt zu werden. Plötzlich sind sie dann sogar stolz, schon vieles zu können, was das Kleine nicht kann.

Danach kehrt häufig für einige Monate oder Jahre Ruhe ein. Allerdings kann die Eifersucht erneut ausbrechen, wenn das jüngere Kind plötzlich eine Fähigkeit erwirbt – beispielsweise Sitzen oder Laufen –, die eine besondere symbolische Bedeutung für das ältere hat. Für Eltern ist das dann nicht mehr so eindeutig verständlich, denn sie bringen die Dinge oft nicht in Zusammenhang.

Winnicott erklärt, das Kind habe drei Möglichkeiten, seine Eifersucht zu überwinden.[8] Zuerst einmal muß es verstehen, was da vorgeht. In seiner Phantasie ist zunächst alles, was ihm wichtig war, durch seine heftigen negativen Gefühle verdorben, ja zerstört. Und dann erlebt es, daß alle trotzdem überleben: die Mutter, der Vater, das Baby und das Kind selber. Sie sind sämtlich noch da, nicht zerstört, sondern voller Leben, und sie gehen liebevoll miteinander um, auch wenn es manchmal Streit und Ärger gibt. Das betroffene Kind beginnt zu begreifen, daß seine wilden und negativen Phantasien nicht der Wirklichkeit entsprechen. Es lernt also etwas ganz Wichtiges, das für sein späteres Beziehungsleben von großer Bedeutung ist: Ich kann in Gedanken hassen und vor Wut alles vernichten wollen – und nichts passiert.

So beginnt nun das Kind, weniger aggressiv zu sein. Allerdings verschwinden seine negativen Gefühle nicht ganz. Es lernt nur mit ihnen zu leben, ohne Angst zu haben, daß alles zusammenbricht.

Manchmal findet es jetzt auch eine Ausweichmöglichkeit für seine »bösen« Gefühle: Es richtet sie vielleicht stellvertretend auf ein Haustier oder einen Gegenstand, eine Puppe, ein Stofftier. Dabei ist es traurig über seine eigenen Gefühle. Denn es tut ihm ja weh, etwas zu hassen oder zerstören zu wollen, was es doch eigentlich liebt. So ähnlich empfindet es dann wahrscheinlich auch für das jüngere Geschwisterkind. Es entwickelt sich Verantwortungsgefühl.

Der zweite »Schritt« in seinem Eifersuchtserleben ist, daß das Kleinkind mehr und mehr gute, befriedigende Erfahrungen sammelt und sie in seine Gefühle und Gedanken aufnimmt. Viele positive Erinnerungen häufen sich an, Erinnerungen daran, wie lieb Mama mit ihm war, wie sie mit ihm gespielt und gescherzt, wie sie es gebadet und gefüttert hat; Erinnerungen an all das, was wir eingangs beschrieben haben – nämlich, daß sie und Papa die Dinge immer zur richtigen Zeit und wie erwartet getan haben, daß sie das Kind stets wie durch ein Wunder verstanden haben, sein Lächeln, sein Weinen, seinen Zorn.

Seine Vorstellung von den Eltern vervollkommnet sich. Winnicott beobachtete, daß manche Kinder gar keine Eifersucht erleben, einfach weil ihnen so viel von all dem positiven Erleben zuteil geworden war, daß sie ohne Mühe ein wenig davon abgeben konnten.

Die dritte Möglichkeit, die Eifersucht zu überwinden, kommt aus der Erfahrung, sich in andere hineinversetzen zu können. Wir haben an verschiedenen Stellen (anläßlich der Sprache und auch der Gefühlsentwicklung) erklärt, wie und wann das Kind dazu in der Lage ist. So bringen kleine Kinder es fertig, sich an die Stelle der Mutter zu versetzen, die das Baby füttert. Vielleicht imitieren und probieren sie das mit ihrer Puppe. Oder sie spielen mit anderen Kindern Mutter und Vater. Hier zeigt sich, daß sie bereits ein reiches Innenleben und eine kreative Phantasie entwickelt haben. So kann ein Kind in seiner Vorstellung in die Haut des anderen schlüpfen, ohne sich selbst dabei zu verlieren. Es bleibt es selbst. Dazu gehört jedoch noch etwas anderes als Phantasie: Um in dieser Situation, in der es eigentlich eifersüchtig auf das kleine Brüderchen oder Schwesterchen ist, die Mutterrolle auch nur im Spiel zu übernehmen, braucht es eine gewisse Großmut, Generosität. Der achtjährige Jam, den wir auf den Seiten 140 und 199 vorgestellt haben, konnte seine Eifersucht genau dadurch überwinden. Die Eltern haben ihm ganz intuitiv und spontan dabei geholfen. Erinnern wir uns, wie der Vater sagt: »Jam war anders als Eden, als er klein war. Er hatte ja noch keinen Bruder Jam.« So hat der Vater dem Jungen geholfen, großmütig seine Rolle als bemutternder großer Bruder zu übernehmen. Er konnte nun dem Kleinen etwas geben. Er mußte nicht mehr neidisch oder eifersüchtig auf ihn sein. Viele solche Situationen sind notwendig, damit das Kind nach und nach diese negativen Empfindungen überwindet.

Dahin jedoch gelangen ein kleiner Junge oder ein kleines Mädchen nur, wenn die Eltern ihn beziehungsweise es seine Gefühle, auch seine Eifersucht, ausleben lassen, ohne daß seine Welt wirklich in Scherben auseinanderbricht. Und wenn sie es auf wichtige Ereignisse wie die Geburt eines Babys vorbereiten. Nicht nur mit Worten oder beim Anschauen von Bilderbüchern zum Thema, sondern auch mit ihrem Verhalten. Wenn eine schwangere Mutter ihr zweijähriges Kind auf den Schoß nimmt, kann sie es spüren lassen, daß sich da etwas verändert. Im Spiel und bei tausend anderen kleinen Gelegenheiten kann sie ihre freudige Erwartung des neuen Babys mit ihm teilen. Und sie kann es auch darauf vorbereiten, daß sie dann mit zwei Kindern so lieb sein muß wie jetzt mit einem. Sie möchte, daß das »große« Kind ihr dabei hilft, und gibt ihm dies auch zu verstehen. Es wird eine wichtige Rolle spielen als große Schwester oder großer Bruder. Auf diese Weise fällt es dem Kleinkind leichter, die Dinge vorherzusehen. Es wird dann, wenn die Zeit gekommen ist, zwar vielleicht trotzdem eifersüchtig sein, aber besser mit seinen Gefühlen umgehen können.

Kinder erleben Gefühle sehr intensiv, vielleicht intensiver als wir. Denn sie haben noch keine Strategien entwickeln können, um mit ihnen zurechtzukommen. Sie brauchen dabei unsere vorbereitende Hilfe. Wenn sie von den Ereignissen und ihren eigenen Gefühlen zu sehr überrascht werden, entwickeln sie Abwehrmechanismen; sie verschließen sich zum Beispiel oder werden übermäßig, ja abnorm eifersüchtig. Dann mag es sein, daß sie ihr ganzes Leben lang diese Eifersucht nicht überwinden. Später wissen sie gar nicht mehr, was der ursprüngliche Grund für ihre ständige Eifersucht ist. Die Erinnerung ist ihnen verlorengegangen. Geblieben sind die Eifersucht und der Neid.

Eltern helfen fast immer völlig richtig: Sie bereiten, ohne viel darüber nachzudenken, ihr Kind gut vor und lassen es, wenn es soweit ist, seine Gefühle ausleben.

Wenn das Kind diesen erstaunlichen Weg in seiner Entwicklung zurückgelegt hat und damit seine Eifersucht meist überwindet, dann nur, weil liebevolle, intuitive Eltern ihm eine sichere Bindung ermöglicht haben. Alles vorher in diesem Buch Beschriebene, was Eltern intuitiv und oft unbewußt tun und »können«, hat dahin geführt. Die elterliche Kompetenz dabei war vor allem *Verläßlichkeit*.

Manche, die dieses Buch lesen, werden sich nun unweigerlich fragen, ob sie nicht genau dies oder das, was offensichtlich so wichtig war, nicht »gebracht« haben; ob sie so kompetent waren, wie es hier beschrieben ist. Die Antwort an sie ist: Eltern müssen und können nicht perfekt sein. Alles, was wir geschildert haben, sind nur Beispiele, die eine Ahnung von dem ungeahnten Reichtum vermitteln sollen, über den Kinder und ihre Eltern miteinander verfügen. Für jedes Versagen, für alles, was einmal »schiefläuft«, steht ihnen eine Fülle von Ausgleichsmöglichkeiten

zur Verfügung. Auch diese nutzen sie intuitiv. Eine Mutter
oder ein Vater braucht nur ihr beziehungsweise sein Kind
anzusehen. Wenn es das nächste Mal zurücklächelt, wissen
beide, daß sie als Eltern kompetent sind.

Erziehung der Gefühle?

Die hier geschilderte Entwicklung der Gefühle ist notwendig, ja unerläßlich, damit das Kind sich in der Welt
zurechtfindet und sich kompetent verhalten kann. Diese
Entwicklung wird ebenso wie jene in den anderen Bereichen vom Kind und von den Eltern *gemeinsam* ermöglicht
und vorangetrieben. Sie bilden dabei ein Team.

Wir sind es nicht gewöhnt, Gefühle als Kompetenzen
zu betrachten. Jedoch haben wir im Verlauf dieser Schil-
derung der kindlichen Gefühlsentwicklung eine Ahnung
davon bekommen, wie sehr sie es sind. Wir begreifen, daß
wir ohne sie einfach nicht auskommen. Daß wir zugrunde
gingen, daß wir aber auch keine soziale oder geistige Aufgabe ohne diese Kompetenz meistern, daß wir keine Entscheidung treffen könnten. Darum gehören sie eben auch
zu unserer Grundausstattung. Darum hat die Natur die
Anlagen bereitgestellt, das Potential, aus dem Eltern dann
gemeinsam mit ihren Kindern schöpfen, wenn sie es in ihrem gemeinsamen »Tanz« wie Künstler, die sich fein aufeinander abgestimmt bewegen, weiterentwickeln und ver-
vollkommnen.

An der Entwicklung der Gefühle zeigt sich besonders anschaulich, wie stark die frühen Kompetenzen vom Zusammenspiel *aller* Reifeprozesse abhängig sind. Erziehungsbemühungen wie »Sitz gerade« oder »Sprich nicht mit vollem Mund« würden da wenig ausrichten. Stellen wir uns eine Mutter vor, die sagt: »Freu dich doch jetzt«, »Sei gefälligst enttäuscht« oder »Warum bist du nicht endlich verlegen«. Allerdings gibt es tatsächlich einige Eltern, die das tun. Alles, was sie damit erreichen, ist, das Kind von seinen eigenen authentischen Gefühlen zu entfremden. Es kann sich dagegen nicht wehren. Die Folgen für seine Persönlichkeitsentwicklung sind verheerend.

Das Richtige zu tun, ist für Eltern viel einfacher. Und wenn sie sich ein wenig selbst vertrauen – wir haben vielfach gezeigt, daß sie es dürfen –, dann gelingt es ihnen mit schlafwandlerischer Sicherheit. Und es ist gut, daß jede Mutter und jedes Elternpaar dies mit ihrem eigenen persönlichen Stil tun. Sie müssen sich nur auf ihr Kind einlassen. Für die »Erziehung der Gefühle«, die eigentlich keine ist, gibt es kein allgemeingültiges Rezept. Kind und Eltern leben gemeinsam eine »Geschichte der Gefühle«, ihre eigene Geschichte.

Nachwort

In diesem Buch wird Eltern Mut gemacht, sich auf ihre spontanen elterlichen Fähigkeiten zu verlassen. Sie sollen zunächst einmal darauf vertrauen, daß sie von Natur aus verstehen, was ihr Baby ihnen sagen will, daß sie gut zusammenpassen und daß sie ihr Baby »richtig« versorgen werden, ohne Eltern-Sein »studiert« zu haben. Würde es so schwer sein, ein Baby zu versorgen und sein Gedeihen zu unterstützen, dann hätte die Menschheit nicht überlebt. Zu allen Zeiten und in allen Gesellschaften wissen Mütter und viele Väter, was Säuglinge brauchen und geben es ihnen, ohne viel darüber nachdenken zu müssen. Um herauszufinden, warum das in der überwiegenden Mehrzahl der Familien auf der ganzen Welt so gut klappt, mußte allerdings erst die Wissenschaft diese feine Abgestimmtheit genauestens unter die Lupe nehmen. Die wissenschaftlichen Untersuchungen fanden eine Menge »Tricks« der Natur, wie sie Babys und Eltern so ausstattet – das heißt, eine entsprechende Verhaltensdisposition wurde in der Menschwerdung ausgelesen –, daß das nicht nur das Überleben der allermeisten Säuglinge gesichert ist, sondern daß es Erwachsenen auch Freude macht, für Säuglinge zu sorgen.

Katharina Zimmer bringt in diesem Buch Eltern und interessierten Erwachsenen auf anschauliche Weise die wissenschaftlichen Erkenntnisse über diese hervorragende »Passung« nahe. Wenn man es genau betrachtet, findet die Wissenschaft vom Eltern-Kind-System nichts wirklich Neues. Sie erkennt nur immer besser, auf wie vielfältige Weise das System funktioniert, abgesichert und in den positiven Gefühlen beider Seiten verankert ist. Das gilt sowohl für das gegenseitige Verstehen der Wünsche und Absichten als auch für das erst informelle, dann formelle Sprachlernen. Die wissenschaftlichen Analysen können aber auch die widrigen Bedingungen erkennen, die es Eltern und Säugling schwer oder gar unmöglich machen, sich auf ihre guten Anlagen zu verlassen. Auch davon ist im Buch die Rede. Die Störmöglichkeiten sollen aber nicht den Blick dafür verstellen, daß »normalerweise«, d. h. in den meisten Familien, das Eltern-Kind-System funktioniert und die Eltern darauf vertrauen können.

Die gute Passung zwischen Säuglingen und Eltern zeigt sich auf vielen Ebenen. Die Muttermilch ist beispielsweise beim Menschen ganz spezifisch zusammengesetzt und auf ein schnelles Gehirnwachstum ausgerichtet, anders als bei den Säugetieren, deren Junge schnell Kraft zum Nachlaufen brauchen oder deren Sinnesorgane noch nach der Geburt reifen müssen. Die Muttermilch paßt sich auch den Erfordernissen des jeweiligen Alters des Kindes an, vom

Frühgeborenen über den Säugling im ersten Lebensjahr bis zum Zweijährigen, die dann allerdings Zusatznahrung brauchen. Ein anderes Beispiel für die rein körperliche Passung ist die Verteilung des wärmenden Fettgewebes beim Säugling. Es findet sich nur an Rückenpartien, so als ob der Bauch des Säuglings »erwartet«, am warmen Körper einer anderen Person getragen zu werden.

Der Schwerpunkt in diesem Buch liegt jedoch nicht nur auf der guten Passung bei der körperlichen Ausstattung des Eltern-Kind-Systems, sondern er liegt auf der für den Menschen sehr wichtigen Ausstattung, einander verstehen zu können und miteinander zu kommunizieren. Der Mensch ist ein soziales Wesen von Geburt an, das Neugeborene hungert nach Anzeichen von anderen Menschen und will mit ihnen in Interaktion treten. Soziale Gemeinschaften bauen auf gegenseitiger Kommunikation auf. Das zentrale Argument von Katharina Zimmer ist, daß unter normalen Umständen Eltern darauf vertrauen können, daß ihr Säugling ihnen auf die eine oder andere Weise verständlich mitteilt, was er braucht, und daß sie die natürliche Fähigkeit haben, ihren Säugling zu verstehen. Für diese intuitiven elterlichen Fähigkeiten mußten die Wissenschaftler erst ausgetüftelte Methoden erfinden, um sie zu erkennen und vor allem in ihrem Wert schätzen zu lernen.

Der Dialog zwischen Säugling und Eltern läuft auf vielen Kanälen. Damit dieser Dialog gelingt, ist es allerdings notwendig, daß beide Partner offen für den anderen sind und sich ihm voll widmen. Die genaue Analyse eines Dialogs stützt sich auf drei Merkmale:

Erstens: Wie klar und eindeutig kann sich jeder Partner ausdrücken?

Zweitens: Wie richtig im Sinne der Mitteilung hat der andere alles verstanden und interpretiert?

Drittens: Wie passend und verständlich meldet er sein Verständnis des »Gesagten« und seine Antwort dem anderen zurück?

In den allermeisten Interaktionen und Gesprächen gelingt dies ohne großes Nachdenken, wie Katharina Zimmer auf vielfältige Weise beschreibt. Allein die äußerst kurzen Reaktionszeiten innerhalb einer Interaktion oder eines Gesprächs machen es meist unmöglich, sich erst zu überlegen, wie reagiert werden soll. Sobald einer der Partner anfängt zu denken – das ist später bei diffizilen Sachverhalten notwendig –, läuft die Interaktion eher stockend. Man vergleiche im Geiste Paare im Anfängerkurs einer Tanzschule, die über jeden Schritt nachdenken müssen, mit eingetanzten Paaren, die alles automatisch und aufeinander abgestimmt zu machen scheinen.

Wenn allerdings der Dialog nicht gelingt, dann kann eine genaue Analyse auch herausfinden, wo es Störungen gibt. Einerseits sind die Fähigkeiten des Säuglings, sich klar auszudrücken, oft beeinträchtigt, wenn er krank, zu früh oder mit Wahrnehmungsbehinderungen auf die Welt kommt. Dann müssen Eltern wirklich erst lernen, seine besondere Sprache zu verstehen und seine besonderen Bedürfnisse zu erkennen. Andererseits können die intuitiven Fähigkeiten von Eltern, den Säugling zu verstehen, gestört oder gar zerstört werden. Die größte Störquelle ist die Einsamkeit und der Mangel an Beistand und Hilfen für das Eltern-Sein. Wenn Eltern von eigenen Sorgen überschwemmt werden und ihnen keiner hilft, dann können sie sich ihrem Kind oft nicht mehr richtig widmen und ihm zuhören. Im eigenen Streß werden die kindlichen Äußerungen dann leicht als Belastung erlebt oder gar als Vorwurf, nicht genug Zeit für das Kind zu haben. Wenn Eltern in ihren eigenen Eltern sehr schlechte Vorbilder hatten, dann ist das Gesehene und am eigenen Leib gespürte oft stärker als ihre natürliche Intuition. Ihre spontane Intuition hat dann keine Chance, sich durchzusetzen. Darum ist es für Eltern wichtig, Unterstützung von Verwandten und Freunden zu bekommen, um Belastungen und Sorgen mit anderen Erwachsenen zu teilen und sich damit zu entlasten. Denn es hat sich auch gezeigt, daß sich die mitgebrachten Fähigkeiten des Säuglings und Kindes zum Dialog nur dann gut entfalten können, wenn sie auf passende Resonanz bei den Eltern stoßen. Geschieht dies nicht, *verlernen* die Kinder diese Fähigkeiten, denn zunächst einmal haben alle Kinder die Fähigkeit, Dialoge zu führen. Ohne einen liebevollen, gelungenen Dialog mit den Eltern oder anderen betreuenden Erwachsenen wird es ihnen dagegen später eher schwerer fallen, gleichaltrige Freunde zu finden, einen liebevollen, unterstützenden Ehepartner für sich zu gewinnen und später selbst fähige Eltern zu sein. Auch das konnten langfristige Untersuchungen zeigen. Aber so schwere Beeinträchtigungen sind selten, und sie brauchen professionelle klinische Hilfe.

Die meisten Eltern aber finden Unterstützung in ihrem

Bekannten- und Verwandtenkreis, hatten selbst hinreichend gute Eltern und können sich für ihre Sorgen und Belastungen einigermaßen gut Hilfe holen, um sie zu bewältigen. Ihnen gilt dieses Buch, sie können sich darauf verlassen, daß sie in ihrer Liebe zum Kind wahrscheinlich genau das Richtige tun werden.

Die spontanen Fähigkeiten des Säuglings, seine Bedürfnisse und Gefühle mit Augen, Mimik, Gestik, Stimme und Bewegungsmustern auszudrücken, trifft genauso auf den Wunsch der Eltern, ihr Baby zu verstehen, wie der Hunger des Säuglings, wenn er sich im Weinen kundtut, die Milch der Mutter einschießen läßt. Der Wahrnehmungsapparat des Säuglings ist »geeicht« auf die Eigenarten seiner Eltern, das heißt, die Eltern bieten genau das, was den Säugling fasziniert. Wenn die gesprochene Sprache dazukommt, reden die meisten Eltern mit ihren Kindern auf eine Weise, daß sie die Fähigkeiten der nächsten Sprachstufe so vormachen, daß das Kind den Anreiz spürt, auch so zu sprechen. Zu all diesen Phänomenen gibt es im Buch eine Menge Beispiele. Um sie Leserinnen und Lesern nicht nur glaubhaft, sondern auch anschaulich zu vermitteln, werden auch die wissenschaftlichen Untersuchungsmethoden geschildert, die zu diesen Erkenntnissen führten. Dadurch hebt sich das Buch von vielen Elternratgebern ab, die einerseits so tun, als ob Eltern wenig wüßten und belehrt werden müßten, die aber andererseits nicht offenlegen, woher die Autoren ihr Wissen haben.

Es ist wohl ein Merkmal unserer Zeit, daß die meisten von uns erst dann etwas als wahr und richtig akzeptieren, wenn es wissenschaftlich bewiesen ist. Die Kehrseite dieser Wissenschaftsgläubigkeit ist allerdings, daß Fähigkeiten und Erfahrungen weniger wertgeschätzt werden, wenn sie nicht den wissenschaftlichen Stempel haben. Aus schierem Zeitmangel kann aber die Wissenschaft nicht alle Zusammenhänge erforschen, so daß man ruhig ein wenig generalisieren darf. Diese Mischung aus wissenschaftlichen Erkenntnissen, dazu passenden Beobachtungen und angemessenen Generalisierungen ist Katharina Zimmer in diesem Buch, wie auch in ihren anderen, einmal wieder hervorragend gelungen. Eltern sollten grundsätzlich dazu ermutigt werden, daß sie ihrer Intuition gepaart mit Wissen ruhig folgen dürfen.

Karin Grossmann

Dr. phil. Karin Grossmann ist Diplom-Psychologin und arbeitet als freiberufliche Wissenschaftlerin in der Entwicklungspsychologie an der Universität Regensburg.

Anmerkungen

1 Was Babys und Eltern alles können

1 Die Psychobiologen Hanuš und Mechthild Papoušek haben im Rahmen ihrer Forschungstätigkeit am Münchener Max-Planck-Institut für Psychiatrie und seit neuerem am Kinderzentrum München über viele Jahre hinweg zahllose Eltern-Kind-Paare mit der Videokamera gefilmt. Um den Austausch von sprachlichen, mimischen und gestischen Signalen besser analysieren zu können, zerlegten sie die gefilmten Szenen in winzige Sekundensequenzen, ja sogar Sekundenbruchteilsequenzen. So zeigten sich Verhaltensweisen und Reaktionen, die bei »normaler« Beobachtung nicht sichtbar werden.

2 Die Begriffe »Orientierungsfähigkeit« und »Feinfühligkeit« gehören heute ins feste Vokabular der Entwicklungspsychologen. Klaus und Karin Grossmann (Universität Regensburg) benutzen sie häufig in ihrer »Bindungsforschung«. Siehe zum Beispiel in Grossmann, K.; Grossmann, K. E.; Spangler, G.; Suess, G.; Unzner, L. (1985): *Maternal sensitivity and newborn's orientation responses as related to quality of attachment in northern Germany*. In: I. Bretherton and E. Waters (ed.): *Growing points in attachment theory and research*, Monographs of the Society for Research in Child Development, Bd. 50, S. 233–278.

3 Der Verhaltensforscher Konrad Lorenz ist durch seine Beobachtungen der Graugänse einem breiten Publikum bekannt geworden. An ihrem Beispiel zeigte er, was »Prägung« in der Mutter-Kind-Bindung bei bestimmten Tierarten bedeutet und wodurch sie jeweils ausgelöst werden kann. Der von Lorenz benutzte und defi-

239

nierte Begriff »Kindchenschema« ist Allgemeingut unserer Sprache geworden.

2 Die allerersten biologischen Kompetenzen

1 Das Zwerchfell ist eine Membran, die den Brustraum mit Lunge und Herz vom Bauch mit den Verdauungsorganen trennt. Beim Atmen bewegt sie sich auf und ab.
   Obwohl sich die Lungen des Fötus noch nicht mit Luft aufblähen, zeigt das Zwerchfell bereits einen Atemrhythmus. So wird dieser lebenswichtige Vorgang schon früh »eingeübt«.

2 Homöostase ist das biologische Gleichgewicht, nach dem alle Lebewesen streben. Da es ständig durch innere und äußere Einflüsse gestört wird, muß es immer wieder neu hergestellt werden, beispielsweise im Stoffwechsel, im Hormonhaushalt, aber auch in der Ausgewogenheit von Ruhe und Aktivität, Schlafen und Wachen.

3 Über die bislang neuesten Beobachtungen berichtete Frau Professor Marianne Schäfer von der Ruhr-Universität Bochum auf dem Symposium für Chronobiologie 1994 in Regensburg.

4 Siehe erstes Kapitel, Anmerkung 1.

5 Siehe erstes Kapitel, Anmerkung 1.

6 Hier ist meist von »Mutter« die Rede, weil sich bereits am Lebensanfang, also kurz nach der Geburt, eine starke, fast symbiotische Beziehung zwischen Mutter und Kind entwickelt hat. Natürlich lernen auch Väter oft sehr schnell, die Signale der Babys zu interpretieren.

7 Donald W. Winnicott: *Talking to Parents*. Addison-Wesley Publishing Group, New York 1993, S. 5.

8 Hilfe und Informationen erhalten Eltern von »Schreibabys« in den verschiedenen (neurologischen) Kinderzentren, beispielsweise im Hamburger Kinderzentrum und im Kinderzentrum München, »Schreisprechstunde«.
   Eine gute Begleitung im ersten Lebensjahr, um solchen Problemen möglicherweise schon vorzubeugen oder sie aufzufangen, bieten die Gruppen der PEKIP (Prager Eltern Kind Programm). Auskünfte erteilen die Ortskrankenkassen oder das Rote Kreuz. Die Kosten

für alle diese Hilfen und Beratungen übernehmen in der Regel die staatlichen Krankenkassen.

3 Wenn die Sinne erwachen

1 Jean Piaget: »Piaget's Theory«, in P. H. Mussen (ed.): *Carmichaels's Manual of Child's Psychology.* Vol. I. Wiley, New York 1970: *The Child's Construction of Reality.* Routledge & Kegan Paul, London 1958. »*The Grasp of Consciousness*«. Harvard University Press, Cambridge, Mass. 1976.

2 Anthony DeCasper von der University of North-Carolina in Greensboro, USA, ist neben C. Granier-Deferre, Jean-Pierre Lecanuet, Paris, und William P. Fifer von der Columbia University in New York einer der wenigen Forscher, die sich seit Jahren mit Versuchen zur Hörfähigkeit des Fötus beschäftigen. DeCasper interessierte sich ebenso wie eine andere Forscherin in Paris, Josiane Bertoncini, für die Spuren, die das im Mutterleib Gehörte nach der Geburt hinterläßt.

3 Siehe Anmerkung 2.

4 Vor allem die Untersuchungen zur kindlichen Wahrnehmung, wie sie der amerikanische Forscher David Lewkowicz, New York, und Daniel Stern, Genf, vorstellen. Ergänzt und bestätigt werden sie durch die bereits erwähnten Arbeiten der Bindungsforscher, wie Karin und Klaus Grossmann, Regensburg, der Psychobiologen Hanuš und Mechthild Papoušek oder die Beobachtungen der Hamburger Entwicklungsneurologin Inge Flehmig zur sensorischen Integration.

5 Forscher wie Lewkowicz müssen außerordentlich einfallsreich vorgehen, um möglichst viele »Antworten« aus einem wenige Tage oder Monate alten Baby herauszuholen, um dabei verfälschte Ergebnisse (Artefakte) zu vermeiden. Die Forschungstests konfrontieren die Babys, die dabei in einem Stadium besonderer Wachheit und Aufnahmefähigkeit abgepaßt werden, mit verschiedenen Sinnesreizen: mit Bildern, Puppen, Farben, Formen, unterschiedlichen Hörerfahrungen, mit Bewegungsspielen. Dabei benutzen die Wissenschaftler, je nachdem, wonach sie suchen, verschiedene Variationen in der

Stärke des Reizes, in der Dauer, in Rhythmus und im Raum. Man beobachtet nun, wie aufmerksam ein Kind reagiert, ob es den Kopf zum Beispiel nach einem Geräuschreiz wendet oder wie lange und intensiv es auf einen Sehreiz starrt. Wenn ein Reiz zu häufig wiederholt wird oder wenn er zu schwach oder zu stark ist, reagiert das Kind gelangweilt und wendet sich schließlich ab. Variiert man nun beispielsweise einen schon allzu bekannten Reiz – etwa die Abfolge einer Laut- oder Silbenserie, die Anzahl gezeigter Figuren, Mäuschen oder Puppen, den Rhythmus ihrer Erscheinung, so reagiert das Baby möglicherweise wieder mit besonderer Aufmerksamkeit.

6 Inge Flehmig leitet seit vielen Jahren das Hamburger Institut für Kindesentwicklung, heute »Kinderzentrum Hamburg«. Als Anleitung für Kinderärzte zur neurologischen Untersuchung von Neugeborenen und Babys schrieb sie *Normale Entwicklung des Säuglings und ihre Abweichungen – Früherkennung und Frühbehandlung*. Thieme, Stuttgart, 5. Aufl. 1996.

7 Als Neugeborenes bezeichnet man ein Baby in den ersten zehn Tagen. Daniel N. Stern: *Die Lebenserfahrung des Säuglings*. Klett-Cotta, Stuttgart 1992, S. 114 bis 118.

8 Im Laufe der fötalen, aber auch der anschließenden kindlichen Entwicklung »organisiert« das Gehirn das Zusammenspiel der verschiedenen Funktionen (zum Beispiel Fühlen und Hören) immer neu. Dazu ist es notwendig, daß alle diese Funktionen (Bewegen, Fühlen, Gleichgewicht einstellen usw.) genutzt werden. Fötalforscher nehmen an, daß dem sogenannten taktilen (Fühl-) und dem Vestibulär-(Gleichgewichts-)System dabei eine besondere Bedeutung zukommen. Siehe dazu auch Jean A. Ayres: »Sensory Integration and the Child«. Western Psychological Services, Los Angeles 1993.

9 Directeur de recherche am CNRS, Université Paris V.

10 Zitat aus Gesprächen mit Lewkowicz.

11 ebd.

4 Das Wunder der frühen Bindung

1 Wulf Schiefenhövel, Johanna Uher und Renate Krell (Hrsg.): *Eibl-Eibesfeldt – Sein Schlüssel zur Verhaltensforschung.* Langen Müller, München, S. 90.
2 ebd., siehe das Kapitel von Magret Schleidt.
3 Sie benutzten dazu vor allem in zahlreichen Tests die auf Seite 114 erläuterte »Strange Situation«, im Deutschen als »Fremdensituation« bezeichnet. Weitere Längsschnittuntersuchungen (d. h. Untersuchungen ein und derselben Kinder in verschiedenen Altersstufen) und Beobachtungen im Vergleich mit anderen Kulturen, beispielsweise der Trobriandinseln Neuguineas, aber auch im Vergleich zwischen dem Norden und Süden Deutschlands, kamen hinzu.

5 Was ein Baby im ersten Lebensjahr alles »kann«: seine Entwicklung auf einen Blick

1 Siehe Inge Flehmig in ihren Erläuterungen zu den Denver Entwicklungsskalen: a. a. O., S. 34 bis 39.

6 Sprache – Natur oder Erziehung?

1 Mechthild Papoušek: *Vom ersten Schrei zum ersten Wort.* Hans Huber, Göttingen 1995, S. 46/47, 81 ff.
2 Jerome Bruner: *Child's Talk – Learning to Use Language.* W. W. Norton & Company, New York 1983, S. 29.
3 ebd.
4 ebd.
5 Siehe die im Literaturverzeichnis aufgeführte Literatur von J. Piaget; Jerome Bruner: siehe oben.
6 Margaret Donaldson: *Children's Minds.* W.W. Norton & Co., New York 1979, S. 28.
7 Noam Chomsky: *Aspects of the Theory of Syntax.* MIT Press, Cambridge, Mass. 1965. *Reflections on Language.* Random House, New York 1975.

8 M. Donaldson: a. a. O., S. 31.

9 Margaret Donaldson diskutiert dieses und die anderen Piaget-Testbeispiele in dem genannten Buch in den Kapiteln 2, 3 und 4.

10 M. Donaldson: a. a. O., S. 39 ff.

11 M. Donaldson: ebd., S. 35 bis 46.

12 M. Donaldson: ebd., S. 93.

13 M. Donaldson: ebd., S. 90 (Hervorhebungen in kursiver Schrift von mir).

14 Zitiert nach M. Donaldson, a. a. O., S. 130.

7 Eintritt in die Welt der Gefühle

1 Daniel N. Stern: *Die Lebenserfahrung des Säuglings*. Klett-Kotta, Stuttgart 1992, S. 171.

2 Donald W. Winnicott, a. a. O., S. 15 bis 18.

3 Siehe auch Katharina Zimmer: *Wer sind wir nachts?* C. Bertelsmann, München 1996, S. 99–100.

4 Keith Oatley und Jennifer M. Jenkins: *Understanding Emotions*. Blackwell Publishers, Cambridge MA 1996. Zu meinen weiteren Ausführungen empfehle ich die Lektüre des Kapitels 6: »Development of Emotions«.

5 Siehe dazu auch D. Stern: a. a. O., S. 223–227.

6 Keith Oatley und Jennifer M. Jenkins: a. a. O., S. 180/181.

7 Keith Oatley und Jennifer M. Jenkins: a. a. O., S. 178.

8 Ich empfehle zu diesem Abschnitt über die Eifersucht die Lektüre von Donald W. Winnicott: *Talking to Parents,* siehe dort die entsprechenden Kapitel.

Literatur

Jean A. Ayres: Sensory Integration and the Child. Western Psychological Services, Los Angeles 1993.

Jerome Bruner: Childs Talk – Learning to Use Language. W. W. Norton & Company, New York 1983.

Noam Chomsky: Aspects of the Theory of Syntax. MIT Press, Cambridge, Mass. 1965.

Noam Chomsky: Reflections on Language. Random House, New York 1975.

Margaret Donaldson: Children's Minds. W.W. Norton & Co., New York 1979.

K. Grossmann, K. E. Grossmann, G. Spangler, G. Suess und L. Cluzner: Maternal Sensitivity and newborn's orientation responses as related to quality of attachment in northern Germany. In: I. Bretherton and E. Wates (ed.): Growing points in attachment theory and research. Monographs of the Society for Research in Child Development, Bd. 50.

Keith Oatley and Jennifer M. Jenkins. Understanding Emotions. Blackwell Publishers, Cambridge, Mass. 1996.

Joy Doniger Osovsky: Handbook of Infant Development. Chapter 12: »Intuitive Parenting«. Jon Wiley & Sons, New York o. J.

Hanuš Papoušek, Uwe Jürgens und Mechthild Papoušek (Hrsg.): Nonverbal Vocal Communication – Comparative & Developmental Approaches. Cambridge University Press 1992.

Mechthild Papoušek: Vom ersten Schrei zum ersten Wort – Anfänge der Sprachentwicklung in der vorsprachlichen Kommunikation. Verlag Hans Huber, Bern, Göttingen usw. 1995.

Mechthild Papoušek: Frühe Störungen der Eltern-Kind-Beziehungen im Säuglingsalter: Ein präventiver Ansatz zur Früherkennung und Behandlung. Eröffnungsvortrag der 51. Freudenstädter Psychotherapietage, 1994. Veröffentlicht in: H. Schneider (Hrsg.): Die frühe Kindheit. Mattes Verlag, Heidelberg 1995.

Mechthild Papoušek: Frühe Phasen der Eltern-Kind-Beziehun gen. In: Psychotherapie und Psychosomatik, Springer-Verlag 1989.

Mechthild Papoušek: Umgang mit dem schreienden Säugling und sozialpädiatrische Beratung. Sonderdruck aus Sozialpädiatrie in Praxis und Klinik, 7. Jg., Nr. 6/7. Verlag Kirchheim, Mainz 1985.

Mechthild Papoušek und Nikolaus Hofacker: Persistent Crying and Parenting: Search for a Butterfly in a Dynamic System. In: Early Development and Parenting, Vol. 4, John Wiley & Sons, New York 1995.

Mechthild Papoušek, Nikolaus Hofacker und andere: Münchener Schreisprechstunde für Schreibabys. Sonderdruck in: Sozialpädiatrie für Praxis und Klinik 16, Nr. 11, Verlag Kirchheim, Mainz 1994.

Jean Piaget: The Child's Construction of Reality. Routledge & Kegan Paul, London 1958.

Jean Piaget: The Grasp of Consciousness. Harvard University Press, Cambridge, Mass. 1976.

Jean Piaget: The Psychology of Intelligence. Routledge & Kegan Paul, London 1950.

Jean Piaget: Logic and Psychology. Manchester University Press, Manchester 1953.

Jean Piaget: Biology and Knowledge. Edinburgh University Press, Edinburgh 1971.

»Piaget's Theory«, in: P. H. Mussen (ed.): *Carmichaels's Munual of Child's Psychology,* Vol.I, Wiley, New York 1970.

Wulf Schiefenhövel: Ethnologisch-humanethologische Feldbeobachtungen zur Interaktion mit Säuglingen. In: Fortschritte der Sozialpädiatrie, Band 13, Der unruhige Säugling. Hansisches Verlagskontor, Lübeck 1989.

Wulf Schiefenhövel: Eibl-Eibesfeldt – Sein Schlüssel zur Verhaltensforschung. Langen Müller, München 1993.

Daniel N. Stern: Die Lebenserfahrung des Säuglings. Klett-Cotta, Stuttgart 1992.

Donald W. Winnicott: Talking to Parents. Addison Wesley, New York 1993.

Katharina Zimmer: Wer sind wir nachts? C. Bertelsmann, München 1996.

Namenregister

Sachregister

Die Velber-Garantie

1. Mit einem <u>Schnupper-Sparabo erhalte ich 3 Ausgaben von SPIELEN UND LERNEN,</u> zusammen mit dem <u>farbig bestickten Raben-Brustbeutel zum Schnupperpreis von nur DM 10,-!</u>

2. <u>Wenn mir SPIELEN UND LERNEN gefällt</u> und ich nicht bis spätestens 10 Tage nach Erhalt des 3. Heftes absage, erhalte ich jeden Monat die neue Ausgabe mit Abo-Preisersparnis für nur DM 6,30 je Heft (statt DM 7,30).

3. <u>Ich habe das Recht,</u> mein Abonnement nach Ablauf eines Jahres jederzeit wieder zu kündigen.

4. Ich weiß, daß ich diese Vereinbarung innerhalb von 10 Tagen beim <u>Velber Verlag, Leser Service, 30923 Seelze</u> widerrufen kann. Zur Wahrung der Frist genügt die rechtzeitige Absendung des Widerrufs.

velber **Coupon bitte gleich ausfüllen und einsenden an:**
Velber Verlag, Leser Service, 30923 Seelze.

---

spielen und lernen Schnupper-Sparabo

3 x SPIELEN UND LERNEN und den farbig bestickten Raben-Brustbeutel für nur DM 10,-

☒ **JA,** ich möchte SPIELEN UND LERNEN jetzt kennenlernen und nehme die Einladung zum Schnupper-Sparabo an. Bitte schicken Sie mir die nächsten 3 Ausgaben von SPIELEN UND LERNEN mit dem Extra-Heft SPIEL MIT. Alles zusammen zum Schnupperpreis von nur DM 10,-. Dazu als Geschenk den farbig bestickten Raben-Brustbeutel. Die Velber-Garantie habe ich gelesen.

Name/Vorname

Straße/Nr.

PLZ/Ort

Vorname des Kindes   Geburtsdatum

Vertrauensgarantie: Die Velber-Garantie habe ich gelesen. Ich weiß, daß ich diese Vereinbarung innerhalb von 10 Tagen beim Velber Verlag, Leser Service, 30923 Seelze widerrufen kann und bestätige dies mit meiner Unterschrift. Zur Wahrung der Frist genügt die rechtzeitige Absendung des Widerrufs. 2517

X

Datum   Unterschrift